Título original: Imagia - Civilisations anciennes.

Distribución: Panini España, S.A.
Depósito legal: GI-104-2000
ISBN: 2.215.063.87.4
Impreso y encuadernado en Francia

Printed in France
by *Partenaires-Livres*®
(JL 08-00)

CIVILIZACIONES
ANTIGUAS

Creación y textos
Françoise Perrudin
Émilie Beaumont
Françoise Perrudin
Sylvie Allemand-Baussier

Ilustraciones
Marie-Christine Lemayeur
Bernard Alunni

Traducción
Veo-Veo Comunicació

FLEURUS
PANINI

ÉDITIONS FLEURUS, 11, rue Duguay-Trouin 75006 PARIS

Mesopotamia

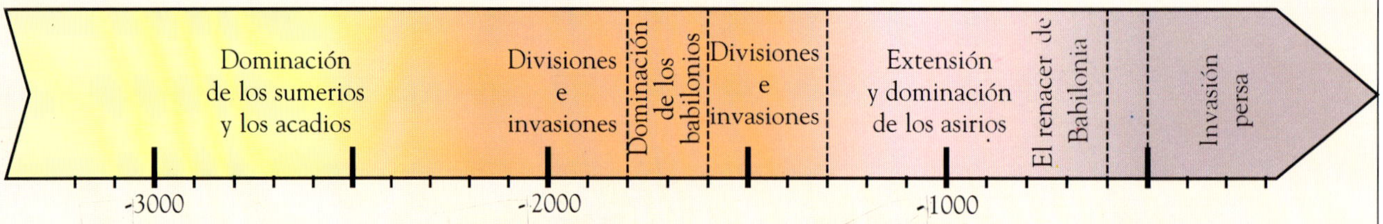

La ciudad de Babilonia

La invención de la escritura (-3200)

Un acadio

La historia de la antigua Mesopotamia es larga y accidentada. A lo largo del tiempo, muchos pueblos llegaron a estas fértiles y disputadas tierras para establecerse. La mayor parte de estos pueblos llegaban del desierto sirio-árabe y hablaban idiomas parecidos.

La historia empieza en Sumer

Dos pueblos ocupan Mesopotamia en el IIIº milenio antes de JC.: los sumerios y los acadios. Los sumerios viven en el sur, cerca del golfo Pérsico. Hablan un idioma que no se parece a ningún otro e inventan la escritura hacia el 3200 antes de JC. El país está dividido en ciudades, cada una controlada por un rey. Sus vecinos instalados en el norte, los acadios, toman posesión de Sumer hacia el 2300 antes de JC y crean un vasto imperio.

La época babilónica

Durante el transcurso del IIº milenio antes de JC., los amoritas y después los arameos se establecen en Mesopotamia, que de nuevo es dividida en distintos reinos. Pero, en el siglo XVIII antes de JC., Hammurabi, rey de Babilonia, funda un estado único y estable que se extiende desde el golfo Pérsico hasta la ciudad de Mari. La ciudad de Babilonia se convierte en el gran centro religioso y cultural de la región.

La época asiria

A principios del Iº milenio antes de JC., los asirios instalados en el norte de Mesopotamia, extendieron su influencia hacia el sur.

El declive

En el 539 antes de JC., los persas invaden la región. La civilización mesopotámica cae poco a poco en el olvido. Pero, hoy día, los arqueólogos la redescubren poco a poco.

El país entre dos ríos

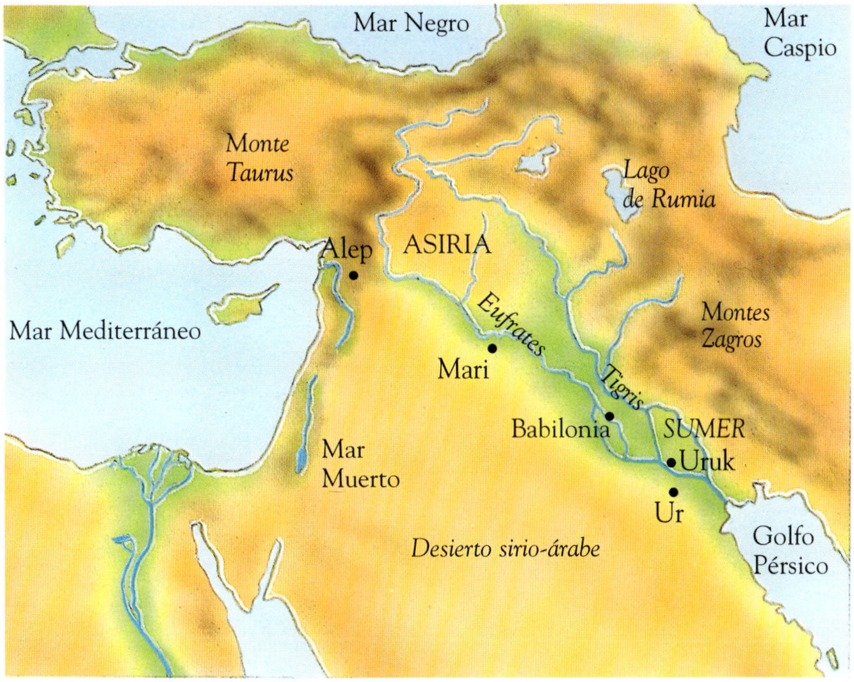

"Mesopotamia" quiere decir en griego "el país entre los ríos". En realidad, este término designa un espacio que se extiende más allá del Tigris y del Eufrates: es un triángulo delimitado por la desembocadura de estos dos ríos, la ciudad de Alep y el lago de Urmiah. En gran parte corresponde al Irak actual.

Dos ríos bienhechores

El Eufrates (2780 km de longitud) y el Tigris (1950 km de longitud) tienen su nacimiento en las montañas situadas en Armenia y desembocan en el golfo Pérsico. En su recorrido, riegan dos grandes valles de rica tierra arcillosa, donde los agricultores cultivan trigo y cebada, y crían cabras y ovejas. Más allá de estas tierras fértiles, se encuentran la estepa y el desierto donde viven pastores nómadas.

Lluvias torrenciales

Lluvias irregulares riegan las montañas del Taurus y el Zagros. Cuando son demasiado fuertes, estas lluvias provocan inundaciones rápidas y catastróficas. Torrentes de barro entierran los poblados. Las llanuras desaparecen bajo un inmenso lago de cieno. Pero cuando las lluvias son demasiado escasas, llega la sequía y las malas cosechas hacen que la gente pase hambre.

Dos ríos sagrados

Los mesopotámicos consideran al Tigris y al Eufrates como divinidades. A veces, incluso se valen de ellos para impartir justicia. El acusado debe lanzarse al río divino. Si se hunde, es culpable; si flota, es declarado inocente.

Los mesopotámicos crean canales de regadío para llevar el agua de los ríos hasta los campos o los depósitos, según la estación.

Babilonia, la hermosa

El ziggurat de Babilonia (90 m), dedicado al dios Marduk, domina el desierto.

Construida en las riberas del Eufrates, la ciudad de Babilonia se convierte en el siglo XVIII antes de JC. en la capital de imperio de Hammurabi. En el siglo VI antes de JC., bajo el reinado de Nabucodonosor II, ninguna ciudad de oriente iguala su riqueza, su belleza y su prestigio religioso.

El dios de los babilonios

Su divinidad suprema es Marduk. A finales del II° milenio antes de JC., se convierte en el dios principal para todos los mesopotámicos. Cada rey de Babilonia, al principio de su reinado, entra en el templo y posa su mano en la estatua de Marduk. Es una manera de recibir su poder a través de un dios.

¿Qué es un ziggurat?

Es una inmensa torre que parece elevarse hasta el cielo: los hombres intentan así acercarse a los dioses. Desde su cumbre también se observan las estrellas.

Una ciudad muy protegida

Una muralla, de 6 m de anchura y 18 km de longitud rodea la ciudad. Otra muralla interior la protege. Ocho puertas dan paso al interior de Babilonia. La más majestuosa es la puerta de Istar (ver abajo).

El esplendor de Babilonia

Babilonia lo debe a la belleza de su palacio real y a su ziggurat, y a los templos que se elevan por encima de las calles, a sus jardines colgantes y a su puente de 115 m que cruza el Eufrates.

Decorada por 575 toros y barnizada de azul, la puerta de Istar acoge las grandes procesiones.

Respetar a los dioses

Los mesopotámicos adoran a sus dioses esperando conseguir su favor. Nada es demasiado bonito ni demasiado bueno para satisfacer a los dioses.

Los mesopotámicos creen en un mundo invisible y sobrenatural que gobierna su vida. Ese "arriba" está habitado por centenares de dioses que se parecen a los hombres de "abajo": tienen cualidades y defectos como ellos, pero poseen una fuerza extraordinaria, una gran belleza y son inmortales.

¿Todos los dioses son iguales?

No. Enlil, el dios supremo, lo gobierna todo. Enki, su hermano, es el señor de las aguas. Él ha creado a los hombres y es su amigo. La mujer de Enlil, Istar, es la diosa del amor y de la guerra. Una multitud de divinidades inferiores transmiten al mundo de "abajo" las órdenes de Enlil. Así, existe un dios para cada cosa, para cada oficio y para cada situación.

Venerar a los dioses

Todo en que ocurre en la Tierra, bueno o malo, es resultado de la voluntad de los dioses. Los hombres estudian los signos que les envían (un fuerte aguacero fuera de la estación de las lluvias, por ejemplo) para saber lo que va a ocurrir. También les ofrecen templos, estatuas, joyas, comida, sacrificios, oraciones y cánticos, y organizan fiestas en su honor para implorar su perdón o apaciguar su cólera.

Los sacerdotes sacrifican un carnero en honor de un dios. Quizá examinarán sus entrañas para vaticinar presagios.

La epopeya de Gilgames

Enkidu y Gilgames atacan al gigante Huwawa.

La epopeya de Gilgames es un largo poema escrito en acadio. Narra las hazañas de este rey legendario y habla de valor, de amistad y de la búsqueda de la vida eterna.

¿Quién es Gilgames?

Hijo de una diosa y un semidiós, Gilgames es el joven rey de Uruk. Guapo, valiente y fuerte, se cree invencible.

Enkidu, criatura de los dioses

¡Los dioses quieren dar una lección a este hombre orgulloso! Crean un rival, Enkidu. Al enterarse de su existencia, Gilgames decide enfrentarse a él. Ninguno de ellos sale vencedor de la lucha y los dos adversarios se convierten en amigos inseparables. Por un desafío, penetran juntos en el "Bosque de Cedros", cuyo acceso está prohibido. Por eso despiertan la cólera de Huwawa, guardián del lugar, y lo matan. Vuelven a Uruk, orgullosos de su hazaña.

El castigo

Gilgames rechaza los avances de Istar, la diosa del amor. Esta vez, los dioses deciden castigarlo. Hacen que Enkidu muera.

Loco de dolor, Gilgames llora a su amigo y toma conciencia de la existencia de la muerte, de la que quiere escapar.

¿Conseguirá Gilgames ser inmortal?

Gilgames parte para un viaje muy largo en busca de la inmortalidad. En el fondo de un mar peligroso, consigue la planta de la eterna juventud. Pero durante el camino de vuelta, una serpiente le arrebata la hierba mágica y pierde para siempre la esperanza de ser inmortal.

La primera escritura

El primer sistema de escritura nace en Sumer, Mesopotamia, hacia el 3200 antes de JC. Los mercaderes tienen necesidad de comprobar los intercambios y conservarlos en la memoria. Poco a poco, la escritura fija todas las palabras del idioma sumerio, permitiendo guardar el pensamiento.

Bolas de arcilla

Los comerciantes expiden sus mercancías acompañadas de una bola de arcilla del tamaño de una pelota de tenis. Esas pelotas huecas contienen tantas fichas, llamadas calculi, como mercancías. Para un rebaño de diez ovejas, por ejemplo, lleva diez fichas redondas. A la llegada, la pelota se rompe y se cuentan los calculi. Después, los sumerios hacen marcas exteriores en la bola indicando el contenido. Había nacido la escritura. Las fichas ya no son indispensables, y la bola se convierte en tablilla.

Como un recibo

Los primeros signos de la escritura sumeria representan objetos, pero de manera esquemática. En el transcurso de los siglos, los dibujos también designan sonidos y sílabas. Desde entonces, la escritura sumeria utilizada como recibo ha permitido transcribir otros idiomas como el acadio.

La escritura cuneiforme

Así se llama la escritura sumeria. Su nombre proviene de sus rasgos característicos. De hecho, simplificando, los signos tienen más o menos la forma de clavos (ver izquierda).

Al principio, la escritura sólo servía para contabilizar ganado y mercancías. Después se utilizó para decorar templos, consignar leyes…

Un escriba apunta en una tablilla de arcilla con la ayuda de una caña tallada.

Los egipcios

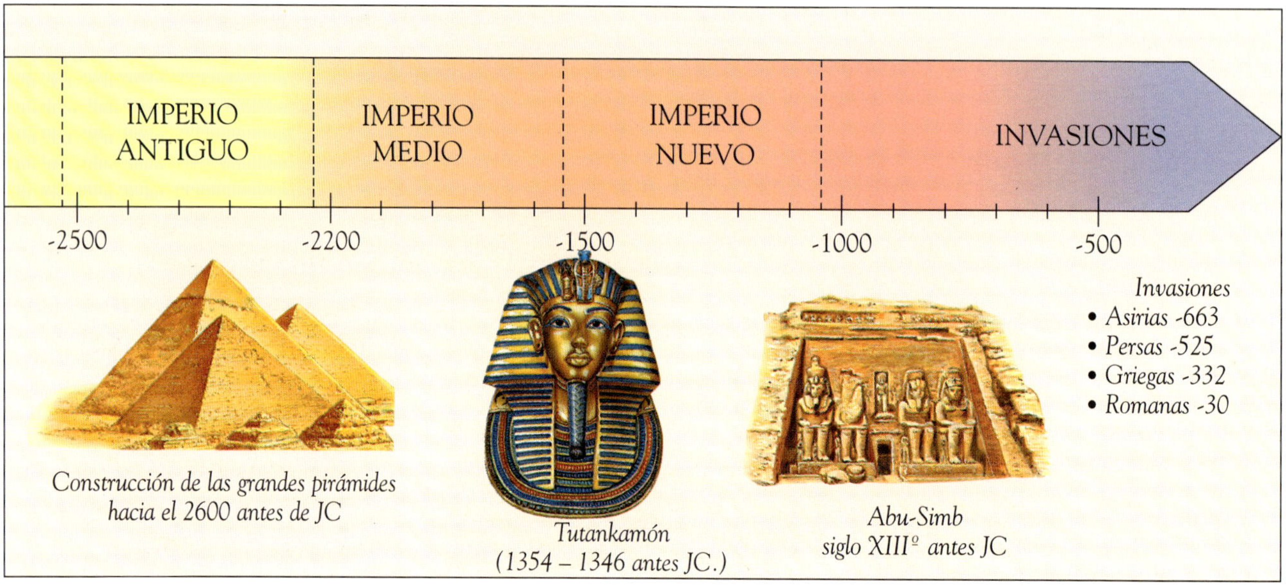

Construcción de las grandes pirámides hacia el 2600 antes de JC

Tutankamón (1354 – 1346 antes JC.)

Abu-Simb siglo XIII° antes JC

La civilización egipcia es, de toda la historia de la humanidad, una de las que han durado más tiempo. Se desarrolla aproximadamente durante tres mil años durante los cuáles, una treintena de familias, o dinastías, dirigen el país, y se suceden más de doscientos reyes, los faraones.

De Menes a Cleopatra

El primer faraón, Menes, reina hacia el año 3000 antes de JC. Reúne en un solo reino el Alto Egipto, al norte, y el Bajo Egipto, al sur. Después de él, todos los faraones llevan la doble corona (blanca por el Alto Egipto, roja por el Bajo Egipto), símbolo de la unión de los dos países. Cleopatra fue la última reina antes de la conquista romana en el I° siglo antes de JC.

Tres grandes épocas

Los historiadores dividen esta larga historia de la siguiente manera:

• El Imperio Antiguo

Periodo durante el que se construyen las pirámides. La capital es Memphis.

• El Imperio Medio

Tiempo de guerras y de conquistas. Nubia es anexionada. Tebas se convierte en la capital del imperio.

• El Imperio Nuevo

El periodo más resplandeciente. El territorio egipcio nunca ha sido tan vasto, ni el comercio tan floreciente. Los faraones construyen templos magníficos (Karnak, Luxor y Abu Simbel). En esta época reinan Hatsepsout (¡la única mujer egipcia que ocupó el trono!), Tutankamón, Ramsés II. Después, en Egipto, empieza un largo periodo de decadencia. Entre esas diferentes épocas, el debilitamiento del poder real y las invasiones enemigas causan graves desórdenes.

El Nilo y el desierto

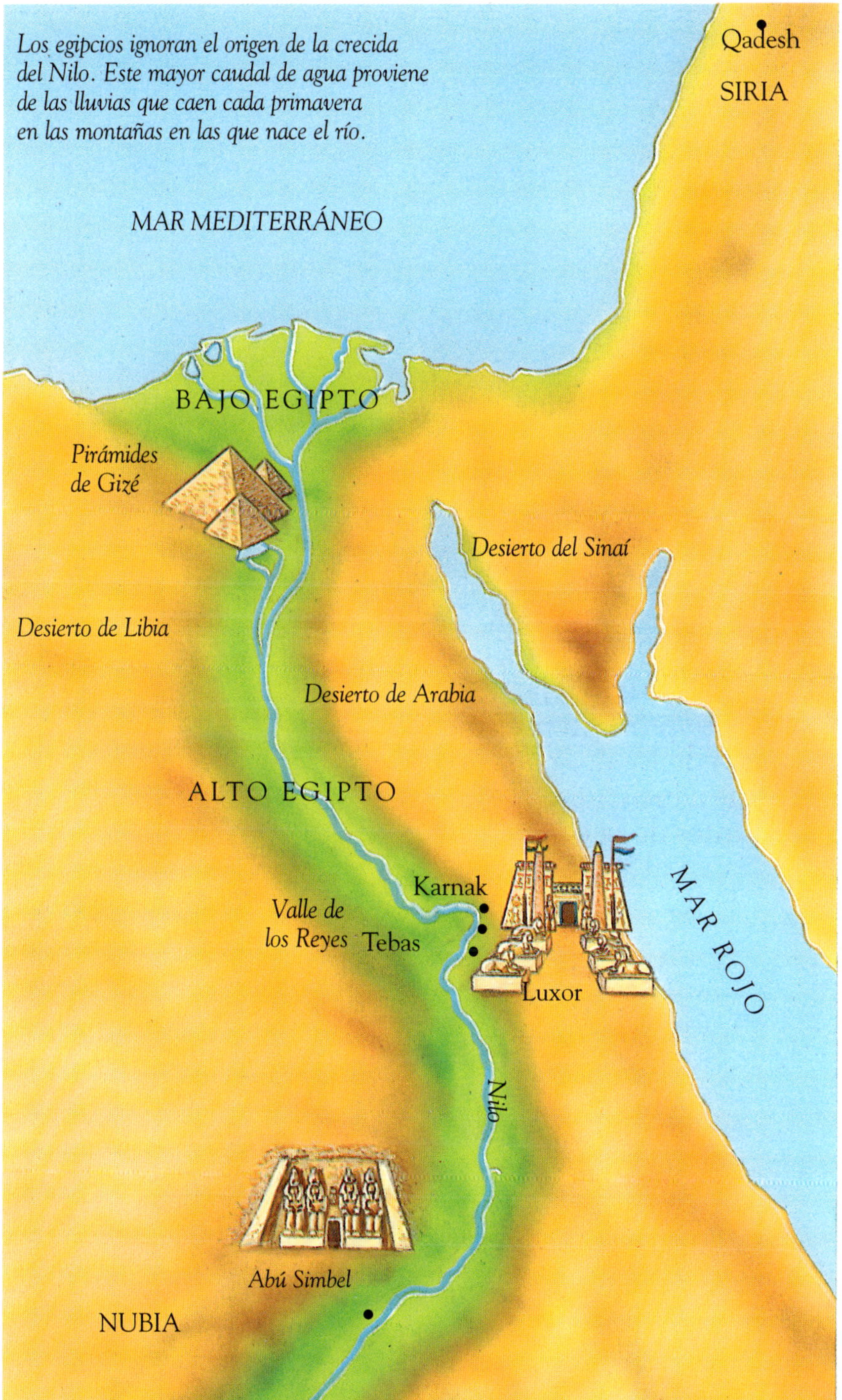

Las riberas del Nilo parecen un oasis muy largo, que se interna por el desierto egipcio. Se pasa sin transición de un valle verde a una tierra seca donde no crece nada. La civilización egipcia se desarrolla a lo largo de las riberas del Nilo. Allí se concentran los hombres, las ciudades, las pirámides, los templos y toda la vida económica del reino.

Una crecida milagrosa

El Nilo es una suerte para los egipcios y lo adoran como una divinidad. Cada año, su esperada crecida aporta agua y un rico barro (el limo), necesario para los cultivos. Como la crecida no llega a todo el valle, los campesinos excavan canales de regadío para llevar el agua a sus campos y construyen depósitos de reserva para los meses en los que el agua es escasa.

Las riquezas del desierto

El desierto constituye una defensa natural contra los invasores. También es una reserva de piedras y de metales preciosos.

Los dioses

Los egipcios son politeístas. ¡Creen en varios centenares de dioses! Estas divinidades habrían creado el mundo y reinado sobre Egipto al principio de su historia. Los egipcios adoran a sus dioses y los veneran todos los días.

¿Cómo honrar a tantos dioses?

En realidad, sólo se adoran a algunos dioses en todo el país: Amón-Ra, rey de los dioses; Ator, diosa de la alegría, de la música y de la danza; o Bes, dios de la felicidad. Cada pueblo, cada ciudad, cada provincia posee sus propios dioses. El pueblo sólo venera a los que le son más familiares.

¿A qué se parecen los dioses?

Algunos se encarnan en un animal sagrado: el toro Apis y la serpiente Apopis. Otros se identifican a un elemento natural: Ra es el sol, Geb, la tierra; Nut, el cielo. Pero la mayoría parecen seres humanos con una cabeza de animal o una cabeza coronada con un símbolo.

¿Para qué sirven?

Son la causa de la creación y la organización del mundo. Los dioses son los responsables del día y de la noche, de la crecida del Nilo... También protegen a los hombres en su vida cotidiana.

Este extraño personaje es Bes, el dios de la felicidad.

La leyenda de Osiris

Isis y Osiris son dioses muy importantes para los egipcios. De Isis nacieron todos los seres vivientes, es el símbolo de la madre, y Osiris es el dios de los muertos, encargado de darles la bienvenida en el más allá. Horus, a la derecha, es su hijo.

Osiris era el hijo mayor de Nut, la diosa del cielo, y de Geb, el dios de la Tierra. Primer rey de Egipto, según la leyenda, se dice que reinaba como soberano. Hasta el día en que el infortunio cayó sobre él.

¿Qué le pasó?

Set envidiaba a Osiris, su hermano. Durante una fiesta, retó a los invitados para que entrasen en un cofre. Osiris se introdujo en él y la tapa se cerró. Set acababa de cerrar su trampa. Hizo tirar el cofre al Nilo y se apoderó del trono. Isis, la mujer de Osiris, encontró el cadáver de su esposo y lo escondió. Pero Set se apoderó de él. Esta vez lo cortó en catorce pedazos, que dispersó en la corriente del Nilo.

¿Cómo resucitó Osiris?

Tras una larga búsqueda, la hechicera Isis recuperó los pedazos y los unió. Con la ayuda de Anubis, el dios de los embalsamadores, le devolvió la vida a Osiris, que se convirtió en el dios de los muertos en el más allá. ¡Isis jamás pudo reunirse con su esposo en la tierra!

¿Vengaron a Osiris?

Su hijo Horus, el dios con cabeza de halcón, se enfrentó a Seth en terrible combate. Venció y pudo reconquistar el reino de su padre.

Anubis es el dios embalsamador con cabeza de chacal. Le devolvió la vida a Osiris.

El faraón

El faraón reina como amo y señor sobre todo Egipto: es dios y rey a la vez. Guía y protector de su pueblo, es jefe religioso, militar y político.

Un ser aparte

Para los egipcios, el faraón es hijo de Ra, el dios del Sol: escogido por el ser divino para reinar en la Tierra, es similar a un dios. El dios alfarero Khum modeló su cuerpo, y las diosas rodearon a su madre durante el parto.

¿Qué hacen los egipcios ante su soberano?

Los que acuden a verlo, deben besar el suelo: así muestran su temor y su respeto hacia el que les manda y del que esperan favores.

Los deberes del faraón

Por sus poderes divinos y terrestres, debe defender y proteger a los egipcios contra todos los peligros: invasiones, sequía, hambre... También debe procurar que se respete el orden y la justicia. Decide solo, pero gobierna ayudado de funcionarios.

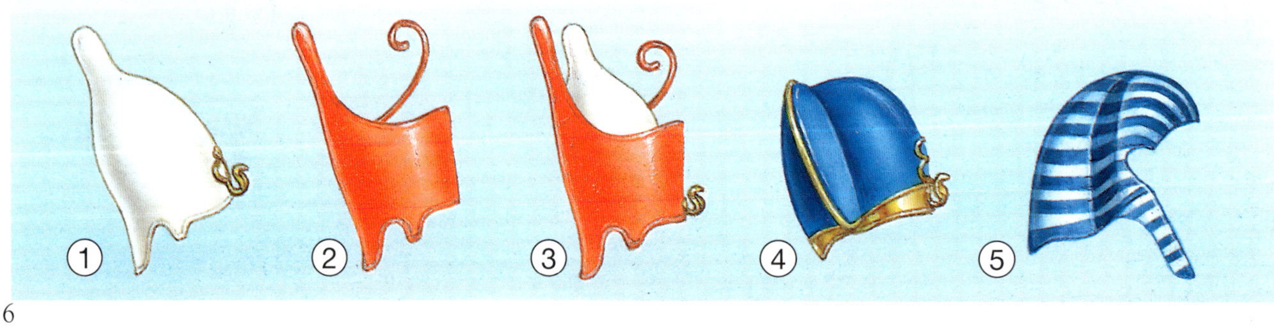

El faraón nunca aparece en público con la cabeza desnuda. Se puede cubrir con la corona del Alto Egipto (1), la del Bajo Egipto (2), la doble corona (3), la corona de guerra (4) o la cofia real (5). Lleva las insignias que simbolizan el poder, como el cetro y el látigo. Se representa como un ser fuerte, hermoso y digno.

El glorioso Ramsés II

Ramsés II afrontando a los hititas en la batalla de Qadesh.

Ramsés II es el tercer rey de la dinastía de los Ramsés. Reina del 1304 al 1236 antes de JC. Es el faraón más prestigioso del Imperio Nuevo. Debe esta gloria a sus batallas y a la construcción de magníficos templos. También es famoso por el descubrimiento de su momia.

¿Era un gran guerrero?

Ramsés II se beneficia sobre todo de las conquistas hechas por su abuelo, Ramsés I, y por su padre Seti I. Su batalla más célebre, la de Qadesh, no es más que una pequeña victoria. Ramsés II evita la derrota de las tropas egipcias frente a los hititas, pero sus enemigos no retroceden. Sin embargo, un tratado permite mantener la paz durante 40 años.

¿Era un gran constructor?

En Abu-Simbel, Nubia, Ramsés II hace edificar dos templos magníficos. El menor está dedicado a la reina Nefertari, su esposa. El mayor está dedicado a los dioses Amón, Ra... y a él mismo. La entrada está protegida por cuatro colosos de más de 20 m de altura representando a Ramsés II.

Una momia en perfecto estado

Como todos los faraones del Imperio Nuevo, Ramsés II se hace enterrar en las desérticas montañas del Valle de los Reyes. Su tumba es saqueada. Hacia el 1050 antes de JC., los sacerdotes esconden su momia. A finales del siglo XIX, los arqueólogos la descubren. ¡Un minucioso examen revela que Ramsés II era pelirrojo, que tenía los dientes con caries y que caminaba inclinado! ¡Nada sorprendente para un hombre que murió a los 80 años!!

El templo, lugar sagrado

El templo alberga la estatua del dios y le ofrece regularmente grandes celebraciones religiosas.

El templo es la "casa" de dios. Allí se encuentra su estatua, que es su envoltorio terrestre. Es un lugar muy secreto en el que ninguna fuerza maligna debe penetrar. Sólo el rey y los sacerdotes pueden decir sus oraciones y efectuar ofrendas.

¿Qué sucede en ese lugar secreto?

Poco antes de comenzar el día, el sacerdote atraviesa el templo a la luz de las velas. Después, golpea en la puerta del naos, la pequeña capilla donde se encuentra la estatua. El dios se despierta y se reintegra en su envoltorio terrestre para pasar el día. El sacerdote puede lavar la estatua, vestirla y elevarle ofrendas y oraciones. También los futuros sacerdotes reciben su enseñanza religiosa en el templo.

¿Por qué hacer ofrendas?

Los sacerdotes ofrecen comida y bebida a la estatua del dios todos los días. Si todos los rituales se realizan bien, el equilibrio del mundo se preservará y el dios mostrará su reconocimiento hacia el faraón y los egipcios.

¿Cuándo ve el pueblo a su dios?

No lo ve nunca. Efectúa sus propias ofrendas en el exterior del templo. A veces, en las grandes fiestas religiosas, la estatua del dios es paseada en barco por el Nilo hasta otro templo. Pero siempre cubierta.

Una reina llevando ofrendas al templo. Estos dones ofrecidos al dios se realizan para obtener su estima y sus favores.

Construcciones gigantescas

Las pirámides son gigantescas tumbas construidas durante el Imperio Antiguo. Están destinadas a recibir y proteger el cuerpo del faraón. En el interior, se coloca la momia del rey, su mobiliario, su ropa y sus objetos preciosos.

¿Por qué tienen esa forma?

Las primeras pirámides tienen la forma de una inmensa escalera triangular. Esto permite al rey ascender al cielo para reunirse con su padre Ra, el Sol. Las aristas simbolizan los rayos del sol.

¿Cómo se construyeron?

Durante la época de crecida, los campesinos transportan enormes bloques de piedra en barcas. En tierra, estos bloques se desplazan sobre rodillos que se deslizan por el suelo. Para elevarlos a un centenar de metros de altura, deben construir una rampa de tierra que desmantelan una vez terminan el edificio.

Abajo, las pirámides de Gizé. La del faraón Keops era la más grande de todas. Antes de ser desgastada por el tiempo, medía 147 m de altura y pesaba 6 millones de toneladas. A su lado, la pirámide de su hijo, Kefrén y la de su nieto, Micerino, parecen sus hermanas pequeñas.

Una vida tras la muerte

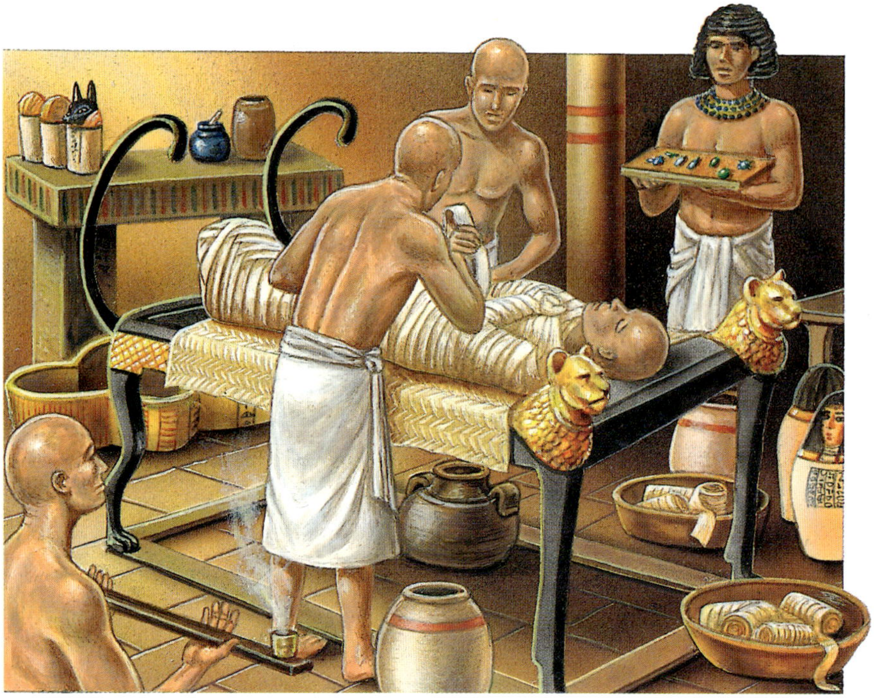

Los egipcios creen en una vida después de la muerte. En el Imperio Antiguo, esta segunda vida se reserva al faraón. Pero, poco a poco, todos los egipcios piensan en alcanzar el más allá. Para ello, hay que conservar el cuerpo impidiendo que se convierta en polvo y superar las pruebas que permiten entrar en el reino de Osiris.

La conservación del cuerpo

La destrucción del cuerpo significaría la muerte definitiva del alma. Se evita gracias a la momificación. Los embalsamadores extraen las vísceras (hígado, pulmones, estómago, intestinos), y recubren los despojos con natrón (especie de sal que los seca). Tras varias semanas, el cuerpo se envuelve en vendas antes de ser colocado en un sarcófago.

El más allá

El difunto se encuentra en el reino de los muertos. El dios Anubis lo conduce ante el tribunal de Osiris, donde pesan su corazón. Debe ser más ligero que una pluma: es la prueba de que el difunto posee un alma buena y finalmente puede penetrar en los campos de Ialu, un lugar sosegado y feliz. A veces, el alma sale de la tumba en forma de pajarito, el ba, para reencontrarse con el mundo terrestre, su casa, su jardín...

Antes de ser aceptado en el más allá, el muerto debe pesar su corazón..

La importancia de los escribas

Los escribas (arriba) cuentan el ganado pagado por los campesinos como impuesto.

Son hombres instruidos, que saben leer, escribir y contar: para ello han estudiado muchos años. Son indispensables para el faraón: le ayudan a gobernar el país. Son respetados y envidiados, porque ser escriba se considera la más noble de las profesiones.

¿Por qué escribir?

Los escribas estudian los textos religiosos. Anotan las oraciones de los sacerdotes. También apuntan las decisiones tomadas por el faraón para que se conozcan. Así, los egipcios saben cuál es el coste de los impuestos, cuáles los trabajos de regadío que efectuar...

¿Qué calculan?

Los escribas lo contabilizan todo: los impuestos pagados por los campesinos, en forma de cosechas y ganado; los metales preciosos; el cuero y la madera distribuida a los artesanos que trabajan para el faraón.
En las canteras, los escribas cuentan las piedras.
En las riberas del Nilo, miden el nivel de las reservas y de las inundaciones. En el ejército, cuentan los hombres.

Los jeroglíficos se transforman

Los jeroglíficos son signos muy largos de escribir. Para los textos administrativos, el escriba debe ser muy rápido. Por eso, los egipcios inventaron hacia el 3000 antes de JC. una escritura más rápida: la hierática.
Es una forma simplificada de los jeroglíficos.
En el siglo VII antes de JC., la hierática se hace aún más simple: la demótica.
Los jeroglíficos se reservan a los textos religiosos.

El futuro escriba necesita mucho tiempo para dominar la escritura jeroglífica.

Los jeroglíficos

Cada signo tiene un sentido propio y el significado de un mismo jeroglífico puede cambiar si está unido con otro. Aquí tienes algunos ejemplos:

a- "antebrazo"
b- "dar"
c- "hijo"
d- "hija"

Los jeroglíficos también tienen un sentido muy preciso. Un curso de agua (e) no se anotará de la misma manera que el agua estancada de un lago (f).

Un cartucho es una escena en la que aparece el nombre de un faraón. Es la "firma" del faraón.

En Egipto, la escritura aparece hace 5000 años. "Jeroglífico" significa, en griego "escritura de los dioses". Al ver los signos que cubren las paredes de los templos y las tumbas, los invasores griegos creen que son fórmulas sagradas. En el siglo XIX, los investigadores descubren el significado de los 700 jeroglíficos identificados.

¿Los jeroglíficos forman un alfabeto?

No. Son signos diferentes que pueden designar un objeto, un sonido, una acción. Se unen de una cierta manera según su significado.

¿Cómo se han descifrado?

En 1799 se descubre en Roseta, en el delta del Nilo, una enorme piedra grabada. Un mismo texto escrito en 3 escrituras diferentes: jeroglífica, demótica (más simple) y griego. A partir del griego, perfectamente conocido, el francés Champollion consigue descifrar los jeroglíficos.

¿Cómo se leían?

¡Sin puntuación, es difícil conseguirlo! La decodificación se hace de arriba abajo, pero la inscripción puede leerse de derecha a izquierda o a la inversa. Son los dibujos los que indican el sentido a seguir (según como los hombres o los animales representados miren a la derecha o a la izquierda).

Los escribas escribían sobre papiro, una planta que crece en las riberas del Nilo y de la que se extraen las fibras para fabricarlo.

El arte egipcio

Para los egipcios, una pintura, una escultura, posee la misma fuerza que su modelo viviente. Si el artista respeta algunas reglas, esas representaciones durarán toda la eternidad.

¿De cara o de perfil?

Los artistas pintan los cuerpos en posiciones extrañas: las piernas aparecen de perfil mientras que los hombros están dibujados de frente. Se observa lo mismo para la cara y los ojos. Eso es porque, para los egipcios, lo importante es representar el objeto de la manera más clara posible. Por eso, tienen la costumbre de representar el rostro de perfil, pero los ojos de frente. El artista no es mediocre, simplemente respeta las reglas.

¿Retratos parecidos?

El retrato raramente se parece al modelo. El artista borra todos los defectos, como las arrugas y la gordura. No muestra el sufrimiento o la tristeza. El dibujo o la estatua representa a un hombre joven, fuerte y hermoso más que anciano, feo e infeliz, porque esta imagen permanecerá cuando el modelo ya haya muerto.

¿Por qué tantas decoraciones en las tumbas?

El difunto ve con los ojos pintados en el sarcófago. Se alimenta gracias a las escenas agrícolas. También revive los momentos más agradables de su vida terrestre gracias a las escenas de banquetes o de caza. Porque, para los egipcios, los personajes o las cosas representadas existen en realidad.

Campesinos valerosos

La mayoría de los egipcios son agricultores. Trabajan en las tierras que pertenecen al faraón o a ricos propietarios. La naturaleza es generosa: el Nilo aporta el agua y enriquece la tierra, y el sol madura las cosechas. No obstante, la vida cotidiana es a menudo muy difícil.

Protegerse de las crecidas

La inundación amenaza todos los años las frágiles viviendas de tierra mezclada con paja o ladrillos de barro seco. Por eso se construyen en terrenos elevados. Los diques unen los pueblos y permiten el paso de hombres y bestias.

¿Cómo es el año de un campesino?

Cuando el Nilo vuelve a su cauce, en noviembre, el campesino trabaja con un arado sin juego delantero y entierra las semillas profundamente en el barro fértil. El ganado le ayuda pisoteando la tierra. Después llega el momento de la cosecha, en la que participa toda la familia. A partir de julio, cuando las aguas han invadido de nuevo el valle, el campesino efectúa algunos trabajos para el faraón: el mantenimiento de los canales de regadío, el transporte de materiales para la construcción de un templo o de una pirámide...

Desgracias y dificultades

Debido a la sequía, a veces la cosecha es escasa. Además, hay que tener cuidado con los ladrones. El escriba reclama fuertes impuestos para el faraón. Los campesinos que no pueden pagar su parte de grano y de ganado son castigados con bastonazos.

Vida en familia

A su manera, cada uno es útil en la casa.

Las casas
Los muebles son raros en las casas de tierra: taburetes, mesas, camas, cofres. Tienen un tejado llano que hace de terraza. Es el lugar preferido de sus ocupantes. Cuando cae la tarde, todos se reúnen en él para aprovechar el frescor y contemplar la belleza del cielo estrellado. Los egipcios más ricos tienen un jardín y las paredes de sus casas se decoran con pinturas que, a menudo, representan flores.

Cada casa alberga a una gran familia formada por abuelos, tíos, primos... Los niños están muy presentes, aunque muchos mueran jóvenes. Tener muchos niños es importante para los egipcios.

El lugar de los niños
Un niño es recibido con alegría. Pero si el recién nacido tiene defectos o malformaciones, se abandona: se cree que ha sido maldecido por los dioses. La madre se encarga de la educación de sus hijos. Pero, muy pronto, han de ayudar trabajando en los campos o en los talleres.
En las familias ricas, los niños van al palacio o al templo desde los 5 ó 6 años. Aprenden a escribir, leer y contar. Al cabo de varios años serán escribas, arquitectos o jueces.

Un verdadero clan
La familia no se limita a los padres y a los niños. A menudo se acoge a los solteros, los viudos o los enfermos...

El comercio

Todo lo que se trae del extranjero es contabilizado por los escribas. Los viajes pueden durar varios meses y ciertas mercancías, como los animales o las plantas, no siempre soportan el transporte.

Incienso para la reina Hatsepsut

A principios del siglo XV antes de JC., la reina envió una expedición al país de Punt, probablemente localizado en la actual Etiopía. Los barcos descienden por el mar Rojo y vuelven cargados de madera de incienso. También traen marfil, oro, pieles de animales salvajes y esclavos. Estos productos, desconocidos en Egipto, serán para los más ricos.

El egipcio no es un gran viajero. Quiere a su país. Le gusta vivir en las riberas del Nilo, el río sagrado. No obstante, a veces, las circunstancias le obligan a abandonar su querida tierra.

¿Por qué se marchan?

Algunos, para comerciar. Así, en el Líbano, los comerciantes egipcios intercambian trigo y papiro por madera de cedro, indispensable para construir casas y naves. Otros para hacer la guerra bajo las órdenes del faraón, para conquistar territorios y nuevas riquezas. En su época más gloriosa, hacia el 1300 antes de JC., se encuentran soldados y funcionarios egipcios desde Siria a Sudán.

Durante sus distintas guerras y conquistas, los soldados egipcios hacen prisioneros y los inmovilizan con cuerdas.

El declive de Egipto

Entre los siglos IX y I antes de JC., los desórdenes interiores, las hambrunas y las invasiones sucesivas hacen que Egipto pierda, poco a poco, su potencia y su independencia... No obstante, esta civilización resiste mucho tiempo antes de apagarse.

Un país dividido y dominado

En muchas ocasiones, no se respeta la autoridad de los faraones en las provincias. El país se desorganiza y sufre guerras civiles. Egipto es invadido por asirios, persas, griegos y romanos: pierde su independencia. Pero a los invasores les fascina la civilización egipcia. Lejos de intentar destruirla, la adoptan en parte. Es el caso del general griego Tolomeo, que en el 305 antes de JC. funda la última dinastía de faraones.

¿Quién es el último faraón?

Cleopatra, descendiente del rey Tolomeo, reina del 51 al 30 antes de JC. Sueña con un gran imperio en el que Egipto dominaría a sus vecinos. Fracasa:

El encanto de Cleopatra sedujo a los romanos César y Marco Antonio.

los romanos conquistan su país. La leyenda dice que Cleopatra se suicidó para escapar a la deshonra.

El olvido

Poco a poco, muchos egipcios adoptan el cristianismo. Los sacerdotes son cada vez más escasos en los templos que terminan en ruinas. La gran biblioteca de Alejandría, que conserva toda la historia de Egipto, es destruida por un incendio en el 47 antes de JC.

Grecia

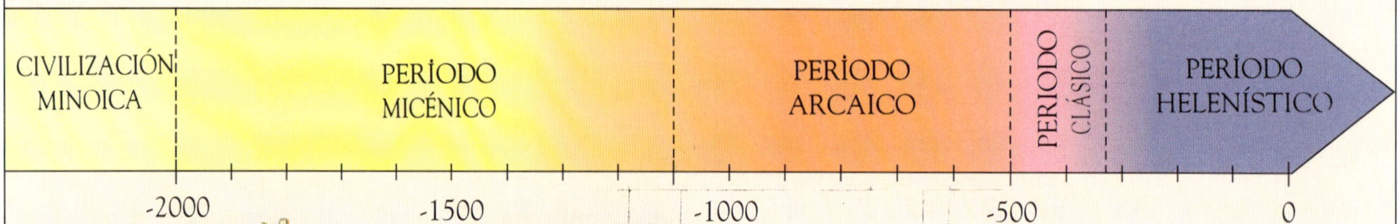

Palacio minoico (2500 antes de JC.)

Guerra de Troya (1250 antes de JC.)

Guerras médicas (490-480 antes de. J.-C.)

Alejandro Magno (356-323 antes de JC.)

En la historia de Grecia, ya se encuentran civilizaciones muy brillantes entre el 3000 y el 1000 antes de JC.: la minoica en Creta, la micénica en el Peloponeso. El pueblo griego está unido por un idioma y unas creencias comunes. En el siglo V antes de JC., esta civilización domina el Mediterráneo.

Los micénicos

Hacia el 2000 antes de JC., se instalan en Grecia los aqueos, llegados del norte. Se organizan en pequeños reinos. Micenas es el más ricq y poderoso. Los soberanos y algunos nobles dominan a una población de campesinos. En el siglo XI antes de JC. termina el periodo micénico, quizá por la llegada de nuevos invasores procedentes del norte: los dorios.

La época arcaica

Empieza en el 1100 antes de JC., pero sólo a partir del 800 antes de JC. los griegos se organizan en ciudades estado, pequeños territorios independientes. Pero la población aumenta y la tierra empieza a faltar. Algunos griegos dejan su país de origen para fundar nuevas ciudades por todo el Mediterráneo (Nápoles, Marsella...).

La época clásica

En el 490 y el 480 antes de JC., los persas, a los que los griegos llaman medos, intentan invadir Grecia. Los atenienses consiguen la victoria. Las guerras entre Atenas, Esparta y Tebas debilitan a los griegos.

La época helenística

Al norte de Grecia se halla el pequeño reino de Macedonia. En el 338 antes de JC., los macedonios, guiados por su rey, Filipo II, derrotan a los griegos en Chéronée. Alejandro, hijo de Filipo, termina la conquista y anexiona Grecia en su inmenso imperio.

Entre el mar y los volcanes

Los griegos no tienen un territorio fácil de explotar. ¡Las costas son muy recortadas, el paisaje es muy montañoso y el mar está muy cerca, porque ningún pueblo se encuentra a más de 90 km de la costa!

Una tierra pobre

Los griegos son, ante todo, campesinos. Cultivan trigo, vid y olivo. Su vida transcurre al ritmo del trabajo en los campos. Pero la sequía de los largos meses de verano y las violentas lluvias de la primavera arrancan la tierra de las pendientes. El agua dulce y las buenas tierras son escasas y las ofrendas hechas a Démeter, diosa de agricultura, no siempre bastan para evitar las malas cosechas y el hambre.

Montañas que gruñen

Las montañas ocupan la mayor parte del territorio griego. La mayoría son volcanes que amenazan con tragarse los pueblos bajo su lava. Los griegos piensan que el dios herrero Hefesto instaló su fragua allí, y temen su cólera.

Las islas y el mar

Los griegos son buenos marineros. Navegan a lo largo de sus costas. Las islas que pueblan el mar Egeo les permiten llegar hasta la costa de Asia Menor sin alejarse mucho de tierra. Pero el mar también presenta peligros, como los piratas.

Los dioses del Olimpo

Sólo quedó la Esperanza para servir de consuelo a los hombres.

Zeus (1), el señor de los dioses, está aquí representado con su esposa Hera (2); Poseidón (3), que gobierna los océanos; Apolo (4), dios de las artes; Hermes (5), mensajero alado; Afrodita (6), diosa del amor, y Atenea (7), diosa de inteligencia. Hércules (8) es un semidiós.

En Delfos, Apolo contesta a las preguntas de los humanos: ¿hay que declararle la guerra a Persia? ¿Debemos fundar una colonia? El dios responde mediante la voz de una muchacha, la pitonisa. Los griegos llegan de todas partes para consultar el oráculo (alguien que predice el futuro).

Los dioses son seres inmortales. Son superiores a los hombres y éstos temen su cólera. Los mitos son leyendas que narran cómo se han cuidado del nacimiento del mundo y de los humanos a través de sus disputas, sus amores y sus celos.

¿Cómo nacen los dioses?

¡Siempre en circunstancias fabulosas! Atenea surge del cráneo de Zeus, su padre, armada y lanzando un grito de guerra. Afrodita emerge de las olas del mar. Nazcan jóvenes (como Apolo) o de edad madura (como Zeus), conservan eternamente su apariencia y no envejecen.

Un castigo divino

Era un tiempo en el que los hombres vivían sin esfuerzo y sin preocupaciones. Todas las desgracias (dolor, enfermedad, fatiga) se encerraban en un cofre. Un día, Zeus quiso castigar a los hombres por haber robado el fuego a los dioses. Entonces, creó a la primera mujer, Pandora. Ésta levantó la tapa del cofre y todos los males escaparon.

La Iliada y La Odisea

Son dos largos poemas muy importantes de la historia griega. Homero, un poeta que habría vivido en el siglo VIII antes de JC., los habría recompuesto a partir de distintas narraciones transmitidas de generación en generación.

¿Qué contienen estos poemas?

Paris, el hijo del rey de Troya, ha raptado a Helena, la esposa de Menelao, el rey griego de Esparta. Menelao y los aqueos parten hacia Troya para recuperar Helena y castigar a los troyanos.
La Iliada narra parte del asedio de Troya.
En La Odisea, el héroe griego, Ulises, después de la victoria de los griegos en Troya, vuelve a su reino de Itaca.

Los dioses al lado de los hombres

Cada dios ha elegido un bando: así, Hera ayuda a los griegos, mientras que Apolo protege Troya. Los dioses intervienen en los actos de los humanos, ayudando a uno u otro de los personajes.

En La Iliada, los griegos se esconden en un caballo de madera para penetrar por sorpresa en Troya y tomar la ciudad.

En La Odisea, Ulises obliga a que sus compañeros lo aten a su barco para resistir el atrayente canto de las sirenas (mujeres-pájaro).

¿Realmente tuvo lugar la guerra de Troya?

Sí. Troya fue destruida hacia el 1200 antes de JC. En esa época, la ciudad era muy rica.
Los aqueos se unieron contra Troya para saquearla y no por los bonitos ojos de una reina.

Honrar a los dioses

Para entrar en relación con los dioses, los griegos realizan ciertos gestos. Así esperan escapar a su cólera y obtener su protección. Cada día, en todo momento, por toda Grecia tienen lugar oraciones y ofrendas en forma de sacrificios o de libaciones.

En casa

El hogar es el lugar donde arde el fuego de la casa. Pero también allí se honra a Zeus o Hestia, la diosa del hogar. Depositan frutas, verduras, queso o pasteles en un pequeño altar de terracota antes de quemarlo. A la salida y la puesta de sol colocan aceite, miel o vino sobre el altar. Estas ofrendas líquidas se llaman libaciones, y tienen por objetivo proteger la casa.

En la ciudad

Durante las fiestas que reúnen a todos los habitantes de una ciudad, las ofrendas a los dioses son sacrificios de animales. Poseidón prefiere los toros; Atenea, las vacas. El animal es conducido en procesión hasta el altar de la divinidad. Se vierte agua sobre su cabeza para purificarlo y el sacerdote recita las oraciones. Entonces, se le corta el cuello. La sangre recogida se extiende por el altar. Una vez descuartizada la bestia, se asa: el humo representa la parte de los dioses, mientras que los hombres se reparten la carne cocinada.

Los juegos de Olimpia

El mejor premio para los ganadores es la gloria, que los eleva a favoritos de los dioses.

Los competidores seleccionados se entrenan durante meses. El primer día de los juegos, hacen un juramento: prometen comportarse con honor y no hacer trampas.

Los primeros juegos se celebraron en Grecia, en el 776 antes de JC. A partir de esa fecha, cada 4 años, los griegos se reúnen en Olimpia para honrar a Zeus. Es una gran fiesta religiosa y deportiva, y durante su celebración las ciudades griegas hacen las paces.

¿Quiénes son los atletas?
Son hombres o jóvenes. Las mujeres no tienen derecho a participar en los juegos... ¡ni siquiera asistir a ellos!

¿Cuáles son las pruebas?
Los hombres compiten en carrera individual, carrera doble, carrera de fondo, carrera con armas, lucha, pugilato (boxeo), pancrace (una especie de lucha libre), pentatlón (5 pruebas: salto de longitud, lanzamiento de disco, de jabalina, carrera y lucha), carrera de caballos y de cuadrigas (carros tirados por 4 caballos). Los niños tienen sus propias pruebas.

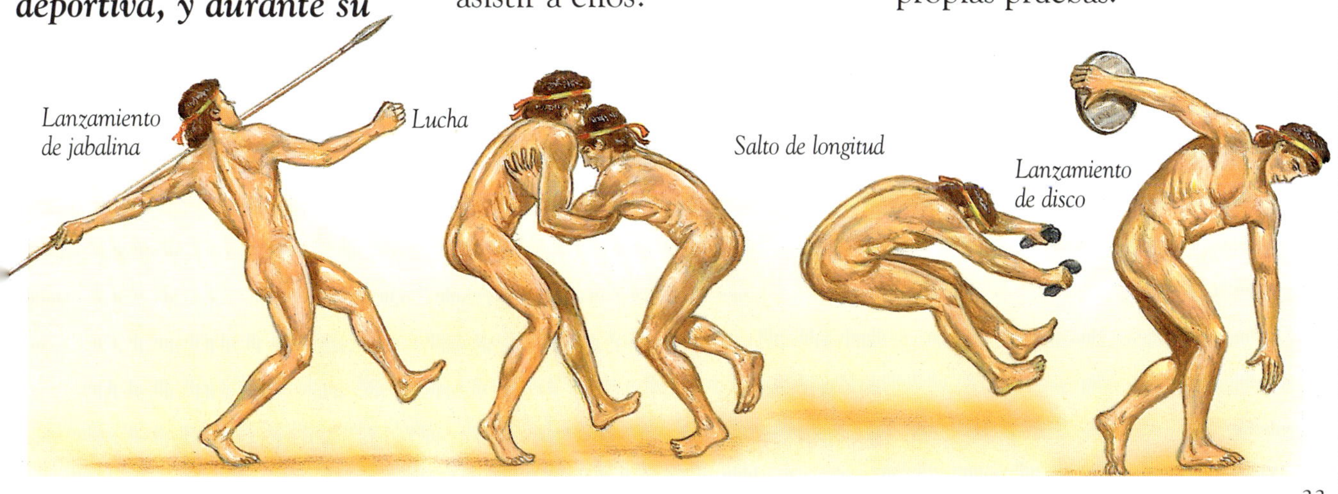

Los temibles espartanos

Arriba, soldados espartanos. Aquellos que se reconocen culpables de cobardía durante el combate deben dejar que su barba crezca en un solo lado de la cara.

En el siglo V antes de JC., Esparta no es una ciudad como las otras. Vive replegada sobre sí misma. Su ejército es el más temido de Grecia. Está formado por los habitantes de la ciudad, que reciben una educación militar sumamente rigurosa.

¿Quiénes son los iguales?

Son los ciudadanos que se consagran a la defensa de la ciudad. Los hilotas, campesinos esclavos, cultivan sus tierras por ellos.

No hay lugar para los débiles

El Consejo de Ancianos que gobierna la ciudad, examina a los recién nacidos de los iguales y realiza una dura selección. Todos los que muestren cualquier debilidad son lanzados por un precipicio desde la cima de una montaña. Contrariamente a la costumbre griega habitual, los bebés no son envueltos en pañales sino que permanecen desnudos, con los miembros libres, para hacerse más vigorosos.

Una educación severa

Desde los 7 años, los hijos de los ciudadanos dejan a sus familias para vivir en comunidad. Dedican un corto tiempo al aprendizaje de la lectura y de la escritura. Lo esencial de su educación se basa en el entrenamiento físico: practican durante todo el día la carrera y los deportes de lucha para ejercitar su valor y su resistencia. Su comida está muy racionada y deben probar su capacidad de supervivencia.

Izquierda: una muchacha de Esparta. Según la tradición, debía ser musculosa para traer al mundo niños vigorosos.

La democracia en Atenas

Los extranjeros
Se les llama metecos. Viven en la ciudad, pero ya sean griegos no atenienses o personas de otros países, no pueden ser propietarios de casas o tierras y no son ciudadanos. Suelen ser artesanos, mercaderes o banqueros. Así, instalados en Atenas, arquitectos, filósofos y médicos aportan su conocimiento a la ciudad.

Los esclavos
Son más de 100.000. Sus amos son metecos o ciudadanos. La mayoría son antiguos prisioneros de guerra. Cada mes, en el ágora, se celebra un mercado de esclavos. Generalmente, un ciudadano posee varios esclavos.

Los atenienses participan directamente en el gobierno de la ciudad. Eso se llama democracia. En Atenas, en el siglo V antes de JC., las mujeres, los esclavos y los extranjeros se excluyen de la vida política.

¿Quién gobierna la ciudad?

Los ciudadanos. A partir de los 18 años, el joven ateniense se convierte en ciudadano y puede participar en las sesiones de la asamblea del pueblo, la ecclesia (ver arriba). Los ciudadanos escuchan a los oradores. Después, votan las leyes redactadas por los magistrados. Estos magistrados también imparten justicia y comandan el ejército. Son elegidos o designados por sorteo.

Este reloj de agua sirve para medir el tiempo de posesión de la palabra de aquellos ciudadanos que se expresan en público. Cuando el agua ha pasado de un recipiente al otro, el orador debe dejar de hablar.

La ciudad de Atenas

En el siglo V antes de JC., Atenas es la ciudad más rica y poderosa del Mediterráneo. La belleza de sus monumentos y la vitalidad de su economía la convierten en un centro muy atractivo para todos los griegos.

¿Qué es la acrópolis?

La acrópolis es una colina. Este lugar sagrado marcaba la grandeza y la reputación de los atenienses.
En el centro se encuentra el Partenón, un santuario dedicado a Atenea, la diosa protectora de la ciudad.
El Partenón es un imponente templo de mármol que alberga una estatua de oro y marfil de Atenea de 12 m de altura.

Una ciudad en fiestas

Los atenienses organizan todo el año grandes fiestas religiosas.

- Las panatenienses tienen lugar en julio, en honor de Atenea. Una larga procesión cruza la ciudad hacia la acrópolis. Frente al gran altar se sacrifican un centenar de bueyes.
- Las dionisíacas duran 6 días, en los que se celebran sacrificios, banquetes, concursos de tragedias y de comedias en honor de Dionisos, el dios de vino, la fiesta y el teatro.

La ciudad baja

Al pie de la Acrópolis sólo hay callejuelas estrechas y tortuosas. El puerto de El Pireo permite el abastecimiento de productos esenciales como trigo o madera. Circulan cantidad de mercancías procedentes de todo el Mediterráneo. En la plaza del ágora se celebran mercados y asambleas. En los barrios de los artesanos se fabrican pieles, vasijas, armas...

Vida de un ciudadano rico

Como no está obligado a trabajar para vivir, el ciudadano rico puede dedicarse enteramente a los asuntos de la ciudad. Después, emplea su tiempo en cuidar su cuerpo y enriquecer su mente. Pero pocos atenienses tienen una existencia tan tranquila.

Vagar por el ágora

A los ciudadanos atenienses les gusta la vida pública. Por la mañana acuden al ágora para comentar las noticias del día. Discuten en medio de la muchedumbre durante horas, mientras que campesinos, pescadores, artesanos, esclavos, extranjeros y desocupados celebran el mercado, entre aromas de aceite de oliva, de carne asada y de miel.

Votar, un deber

Tres veces al mes, los ciudadanos deben participar en una reunión de la ecclesia; forma parte de sus deberes, y si llegan tarde pagan una multa. Sólo una minoría está presente, porque los agricultores y los artesanos están ocupados con sus trabajos.

Deportes y diversiones

El ciudadano debe seguir siendo un buen guerrero, capaz de defender la ciudad. Frecuenta regularmente el gimnasio. También va al teatro, lugar de reflexión y diversión. Por la noche, vuelven a discutir en el transcurso de un banquete entre amigos, durante el cual los esclavos cantan, bailan y tocan música.

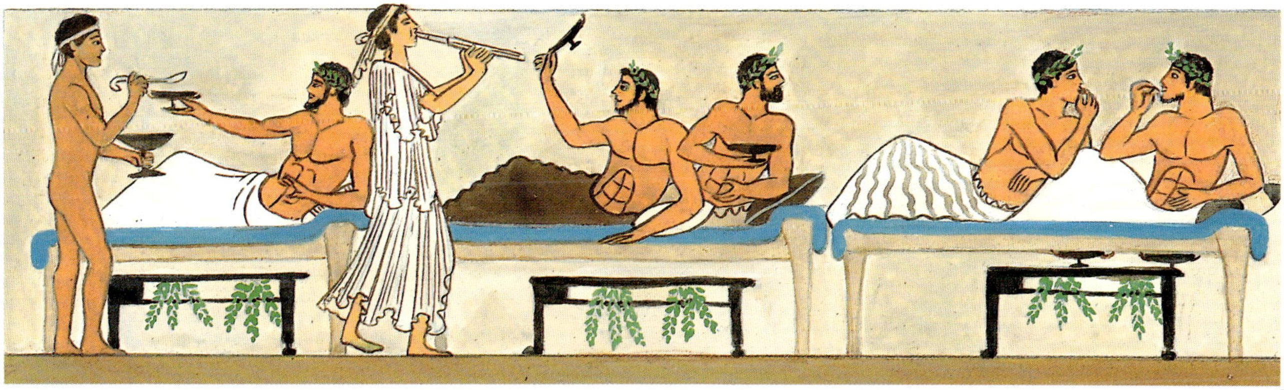

La vida de las mujeres...

A lo largo de su vida, la mujer griega es gobernada por los hombres (padre, hermano, marido...). Su estilo de vida varía mucho en función de su ambiente social, pero sus libertades son,a menudo, restringidas.

¿Cuál es el lugar de las mujeres?

Las mujeres griegas no tienen derechos cívicos. Eso las excluye del gobierno de la ciudad. Están poco presentes en las grandes fiestas religiosas, en los teatros y no frecuentan el gimnasio.

A resguardo de las miradas

Las mujeres de las familias acomodadas reinan en su casa, dirigen a los esclavos y controlan la despensa. Pasan la mayor parte de su tiempo en el gineceo, la parte de la casa reservada para ellas. Allí, hilan y tejen lana en compañía de sus hijos jóvenes. Las chicas, que no reciben instrucción, crecen cerca de su madre hasta que se casan con el hombre que su padre ha elegido.

Las mujeres en la ciudad

En las familias modestas, las mujeres no llevan la misma vida. Te cruzas con ellas en el mercado, vendiendo pan, pasteles, lana o cintas que ellas mismas han tejido. También en la fuente, donde se reúnen para charlar.

Mujeres aparte

Los hombres raramente invitan a su esposa a los banquetes. Prefieren la compañía de esclavas o extranjeras que están allí para distraerlos.

...y de los niños

La actividad física es muy importante y, a partir de los 12 años, el muchacho va al gimnasio para entrenarse en los deportes de combate, las carreras... Un esclavo, llamado pedagogo, lo acompaña y vigila todo el día, y por las noches le hace repasar sus lecciones.

La música es importante en la educación. Este muchacho aprende a tocar la lira.

Los niños cuyos padres son artesanos no estudian mucho tiempo. Normalmente aprenden la profesión en el taller de su padre.

Los griegos no desean tener muchos niños. El territorio de la ciudad no es lo bastante grande para una población numerosa, y los padres no quieren dividir sus bienes entre muchos herederos. El niño recibe una educación que hará de él un buen ciudadano-soldado.

El recién nacido

Al nacer el niño, los padres anuncian la buena noticia colgando sobre su puerta una rama de olivo si es niño, o una cinta de lana si es niña. En los días siguientes, un sacrificio seguido de un banquete reúne a la familia y a los vecinos.

Niños abandonados

Si hay un mal presagio en el nacimiento del niño o si tiene alguna malformación, los padres lo abandonan en plena naturaleza.

Una enseñanza cargada

El niño se cría con la familia. Después, a los 7 años, su padre le escoge maestros para que aprenda a leer, escribir, recitar *La Iliada* y *La Odisea*, música...

La filosofía

Para los antiguos griegos, los dioses se hallan en el origen del mundo. Ellos explican la existencia de cada cosa, de cada ser. Pero, a partir del siglo VI antes de JC., los griegos buscan otra explicación a la existencia del mundo y de los hombres. Se les llama filósofos, lo que significa en griego "amigos de la sabiduría".

A Sócrates le gusta conversar con aquellos que encuentra en las calles de Atenas o en el ágora. Juntos, se hacen preguntas sobre la naturaleza, el universo, la conducta de los hombres…

Socrates

Los primeros filósofos

¿Qué primer elemento creó el universo y le dio vida? Según algunos es el agua; según otros, el aire, el fuego o pequeños elementos llamados átomos. Pero todos piensan que el mundo se organiza sin la voluntad de los dioses.

Sócrates (470-399 antes de JC.)

En las calles de Atenas, Sócrates conversa con todo el que se cruza: ¿qué es el bien? ¿La justicia? Piensa que hay que aprender a tener un juicio justo para actuar de manera justa. Pero lo acusan de no creer en los dioses de la ciudad y de sembrar la duda en las mentes. La ciudad lo condena a beber cicuta, un veneno mortal.

Platón y Aristóteles

Sócrates no escribió nada. Lo conocemos, gracias a su discípulo Platón (427-347 antes de JC.), que transcribió sus palabras. Platón funda una escuela en Atenas: la Academia. Aristóteles (384-322 antes de JC.), discípulo de Platón, crea una escuela rival: el Liceo. Filósofo y hombre de ciencia, fue maestro de Alejandro Magno.

El teatro

Las obras de teatro se representan durante las fiestas religiosas celebradas en honor de Dionisos. Los autores de tragedias y comedias se enfrentan en un concurso, para ver quién crea la obra más emocionante o más cómica.

En el escenario

El altar de Dionisos ocupa el centro de la escena, al aire libre. El coro, de hasta 24 personas, canta y baila al son de la flauta. Tres o cuatro actores dialogan entre ellos y se dirigen al coro, que les responde cantando. Llevan máscaras que les permiten interpretar diversos papeles, masculinos o femeninos, y amplificar sus voces. A las mujeres no se les permite actuar.

En las gradas

Una muchedumbre, que puede llegar a las 15.000 personas, se apretuja en las gradas de piedra. En Atenas, la ciudad da dinero a los ciudadanos más pobres que para que puedan asistir a estos concursos. El público come y bebe durante las representaciones, que duran todo el día. Se reacciona al espectáculo con estallidos de risa, comentarios, aplausos, cuchicheos.

Tragedia y comedia

Son los dos géneros del teatro griego. La tragedia evoca el sufrimiento o la dificultad de tomar decisiones serias, mientras la comedia intenta distraer y suscitar la risa.

Un arte para los dioses

El Partenón es de estilo dórico.

El arte griego está consagrado a los dioses. Los templos, las estatuas, las pinturas: todo es en función de las divinidades y narra sus aventuras. A través de ellos, los griegos celebran la belleza del cuerpo humano.

La arquitectura

Contrariamente a los egipcios, los griegos construyen sus templos a la medida del hombre. Los arquitectos siguen reglas muy estrictas de equilibrio y medida. La forma de las columnas representa estilos diferentes: el estilo dórico, de columnas cortas y robustas; el estilo jónico, de columnas más finas y estilizadas; y el estilo corintio, más rico.

La escultura

Las estatuas muestran la belleza del cuerpo humano, y los escultores estudian precisamente las proporciones y la anatomía.

La pintura en vasijas

La cerámica griega es en principio roja (arcilla) con motivos negros. Después, se barniza de negro conservando el rojo de la arcilla para los motivos. Los pintores se inspiran en escenas de la vida cotidiana.

¿Quiénes son los artistas?

La mayoría son artesanos que trabajan en su taller y se ganan la vida modestamente. Aunque los ciudadanos ricos aprecian sus obras, no los tienen en especial estima.

Comercio y colonias

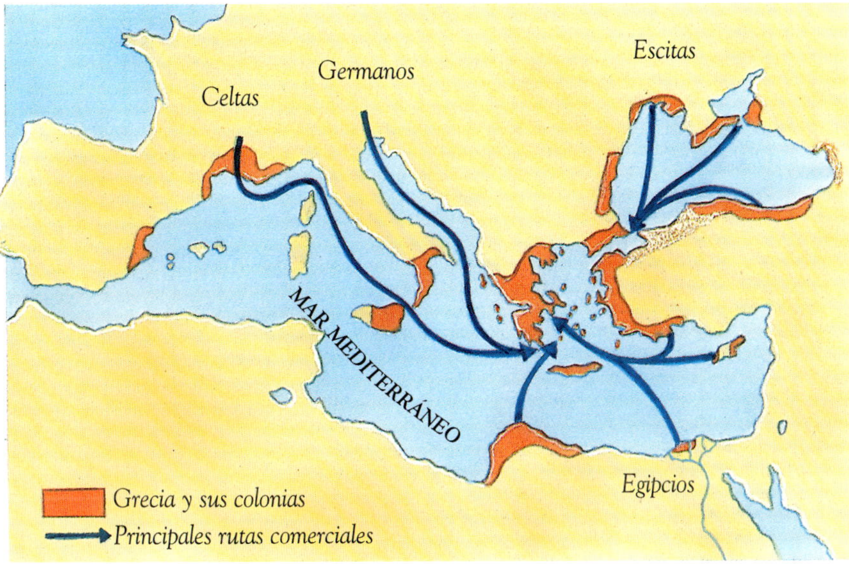

Los griegos están orgullosos de serlo. Incluso cuando se instalan lejos de su tierra de origen, los colonos conservan su idioma, su religión, su modo de vida. Todos los que no hablan griego, son llamados "bárbaros".

Las colonias

A partir del siglo VIII antes de JC., los griegos parten hacia países extranjeros en busca de tierras fértiles. Contornean las costas en pequeñas embarcaciones. Cuando encuentran un lugar conveniente, se establecen. ¡A veces, las relaciones con los habitantes son difíciles! Los colonos de Esparta tuvieron que luchar para tomar Tarento, al sur de Italia. En cambio, los griegos de Tera (isla de Santorin) no encontraron ninguna resistencia por parte de los ganaderos semi-nómadas de Cirena, África.

¿De dónde vienen las riquezas?

Los extranjeros también van a Grecia. En el puerto de El Pireo, se cruzan viajeros y comerciantes procedentes de África, Europa y Asia. Llevan esclavos y artículos preciosos: cuero de África del norte, pez salado y oro del mar Negro, carne y sal de Italia, velas de Egipto, incienso de Siria, marfil de Libia, alfombras de Cartago..., Grecia exporta vino, aceite de oliva y sobre todo cerámica.

Los griegos y el oriente

En el siglo VI antes de JC., los griegos mantienen estrechas relaciones con oriente. Se ven influenciados por la sofisticación de los orientales y adoptan sus joyas, sus vestidos ricamente decorados, sus perfumes.

Contra los bárbaros

Las ciudades griegas se hacen a menudo la guerra. No obstante, se unen para combatir a los bárbaros; es decir, los no-griegos. Cada ciudadano tiene el deber de defender su ciudad.

¿Cómo luchan los soldados?

El grueso de la tropa está formado por hoplitas. Estos soldados de infantería cargan en apretadas filas. Sostienen su escudo con el brazo izquierdo y así protegen el flanco derecho de su vecino. Los que no pueden pagarse una armadura son remeros en las trirremes. Estas embarcaciones, rápidas y muy móviles, están armadas en la proa con una pieza de bronce que sirve para agujerear el flanco de los barcos enemigos.

La derrota de los persas

A principios del siglo V antes de JC., Persia intenta invadir la parte europea de Grecia. En el 490 antes de JC., 6000 atenienses se enfrentan contra más de 20000 persas. ¡Aunque son menos, los griegos vencen! Diez años después, las tropas persas arrasan la península griega y saquean Atenas. Los atenienses deciden luchar en el mar. Sus trirremes intentan emboscar los barcos persas. Cuando la flota enemiga aparece, las proas de las trirremes destrozan sus quillas. Los persas no regresarán.

La ayuda de los dioses

Antes de cada batalla, los griegos sacrifican animales para conseguir la ayuda de los dioses y observan cualquier mal presagio que pueda anunciar una desgracia.

Alejandro Magno

Durante sus campañas en la India, Alejandro tuvo que enfrentarse a ejércitos con elefantes. ¡Después, integraría a esos animales en sus propias tropas!

Este joven rey tiene un destino extraordinario. Le bastan once años para conquistar un inmenso imperio que se extiende desde su pequeño reino de Macedonia hasta las fronteras de la India. Allí por donde pasa deja el idioma y la cultura griega: ha nacido la cultura helenística.

¿De dónde viene este príncipe?
Alejandro es hijo de Filipo II, rey de Macedonia. Desde sus 13 años, Aristóteles, el gran filósofo griego, le enseña matemáticas, medicina... A los 20 años, hereda el reino de su padre asesinado.

Alejandro el conquistador
Sus ambiciosos sueños le llevan a conquistar Grecia y Asia menor, Egipto, Mesopotamia y Asia central. Incluso derrota a Darío, el gran rey de Persia. Sediento de conquistas, lleva hasta la India un ejército de 120.000 personas, 60.000 de ellas mujeres y niños. Un terrible combate le da la victoria sobre el rey indio Poros y su ejército de elefantes. De vuelta a Grecia, muere de malaria a los 33 años.

Alejandría "la grande"
Grecia ya no es más que una pequeña provincia perdida en el inmenso imperio de Alejandro. ¡Por todas partes ha fundado decenas de ciudades, y a 25 de ellas las ha llamado Alejandría! La de Egipto es la más fabulosa. El faro de esta nueva capital de Egipto guía hacia el puerto a los barcos mercantes llegados de todo el Mediterráneo. Su gran biblioteca atrae a poetas y científicos.

Roma, de la ciudad al imperio

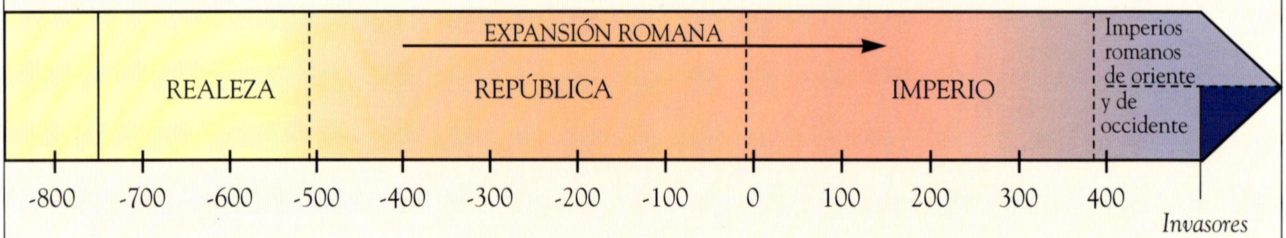

-753: Fundación de Roma por Rómulo.

Expansión romana

Coliseo

Cuando nace la civilización romana, en el siglo VIII antes de JC., Roma sólo es una aldea de cabañas instaladas sobre colinas. No obstante, esa aldea se convertirá en la capital de un inmenso imperio que, poco a poco, dominará todo el Mediterráneo hasta el siglo V después de JC.

Los reyes etruscos

A finales del siglo VII antes de JC., los etruscos, llegados de la ribera derecha del Tíber, tomaron el mando de Roma, un pequeño poblado latino. Ellos convirtieron a Roma en una verdadera ciudad. A finales del siglo V antes de JC., los latinos acabaron con el último rey etrusco e instauraron una república.

La república

Desde entonces, los jefes son magistrados elegidos por el pueblo. Roma libra guerras contra sus vecinos. En el siglo III antes de JC., controla toda la península itálica. Más tarde, las conquistas llevan al ejército hasta Grecia, Galia, Egipto... Pero la república se debilita con guerras civiles que conducen, en el año 27 antes de JC., a una nueva forma de gobierno: el imperio.

El imperio

El gobierno del imperio se confía a un solo hombre: el emperador. Las conquistas prosiguen. En el siglo II antes de JC., el territorio romano se extiende desde el océano Atlántico hasta el Eufrates y desde Inglaterra hasta el desierto del Sahara.

El fin del mundo romano

Para poder gobernar ese gigantesco territorio, los emperadores lo dividen en dos. Pero, en el 476 después de JC., el último emperador romano de occidente es destituido por los invasores. Desde entonces, sólo subsiste el imperio romano de oriente, que sobrevivirá todavía 1000 años más.

Rómulo y Remo

Antes de que Roma se convirtiera en una verdadera ciudad, y más tarde en la capital del imperio, fue una aldea de pastores.

Según la leyenda, la ciudad de Roma fue fundada el año 753 antes de JC por Rómulo, hermano gemelo de Remo. Los arqueólogos confirman que los primeros habitantes de la ciudad ya vivían allí en el siglo VIII antes de JC.

¿Quiénes son Rómulo y Remo?

Son los hijos del dios Marte y de la sacerdotisa Rea Silvia. Debían heredar el reino de Alba Longa, pero Amulio toma el trono en su lugar y los arroja al Tíber. Rómulo y Remo terminan al pie del monte Palatino. Una loba les salva la vida amamantándolos; después, un pastor los recoge y los cría como si fueran sus hijos. A los 18 años descubren su origen, matan a Amulio para vengarse y deciden fundar una ciudad sobre el monte Palatino, en el mismo lugar donde los salvó la loba. Pero pronto se pelean para saber cuál de los dos ha de reinar. Rómulo mata a Remo y funda Roma.

De las cabañas de pastores a la ciudad

Algunos arqueólogos han descubierto rastros de cabañas y de sepulturas. La leyenda no miente: las más antiguas datan de la mitad del siglo VIII antes de JC. Los pastores habían escogido vivir sobre las colinas cercanas al Tíber para protegerse de los saqueadores. A partir del siglo VI antes de JC., las aldeas se transforman en una verdadera ciudad. Construyen casas sólidas cubiertas de tejados de tejas. Un lugar público pavimentado, llamado foro, y un puente atravesando el río testimonian la expansión de la ciudad romana.

La república y las conquistas

Reunión en el Senado.

Liberados de los reyes etruscos, demasiado autoritarios, los romanos adoptan un nuevo estilo de gobierno: la república. Cinco siglos de conquistas van a hacer de Roma la capital de un inmenso territorio.

¿Quién gobierna?

Los ciudadanos, hombres libres, votan las leyes y eligen magistrados que las aplican, imparten justicia, se ocupan de las finanzas, de la policía... Pero no pueden decidir nada importante sin la opinión del consejo de ancianos: el senado.

Patricios y plebeyos

Sólo los ciudadanos ricos pueden ser magistrados o senadores: son los patricios. En el siglo IV antes de JC., los ciudadanos pobres, los plebeyos, son defendidos por los magistrados.

De conquista en conquista

Roma se apodera de toda Italia en dos siglos. En el siglo III antes de JC., choca con la resistencia de Cartago, en África. Pero los romanos terminan por triunfar sobre el cartaginés Aníbal y su ejército de elefantes. Después de eso, Roma extiende su poder hacia el este: Macedonia, Siria...

Generales ambiciosos

En el siglo I antes de JC., algunos generales se aprovechan de su gloria y de su ejército para intentar tomar el poder de Roma: Pompeyo conquista oriente y César anexiona la Galia. Rivales, terminan por declararse la guerra.

Soldado vencido entregando las armas a un general romano.

Julio César

¡César es hijo de una familia patricia que pretende descender de la diosa Venus! A los 30 años es elegido magistrado, y a los 41 se convierte en cónsul. Pero su ambición no se detiene ahí: César sueña con ser el dueño absoluto del imperio romano.

La gloria y la riqueza

César libra 6 años de batallas en territorio galo antes de conseguir que la Galia (la Francia actual) sea provincia romana. Su victoria en Alesia (ver p. 53) le aporta fama y riqueza.

La persecución

En Roma, los senadores confían el poder a Pompeyo. Les preocupa el poder de César y le piden que acuda a la capital sin su ejército. César desobedece, entra con sus soldados y toma el poder. Pompeyo y sus partidarios huyen hacia oriente. César los persigue hasta Egipto, donde Pompeyo muere asesinado. En Alejandría, César conoce a una princesa entonces joven: Cleopatra. ¡Se cuenta que entró en su casa escondida dentro de una alfombra! César la ayuda a conquistar el trono de Egipto.

¡Traicionado!

De vuelta a Roma, César celebra sus triunfos: desfiles en los que muestra su botín y sus prisioneros. Dirige todos los asuntos de Roma. Pero algunos senadores están convencidos de que César se prepara para restablecer la monarquía. El 15 de marzo del 44 antes de JC. César es asesinado, víctima de un complot.

El imperio

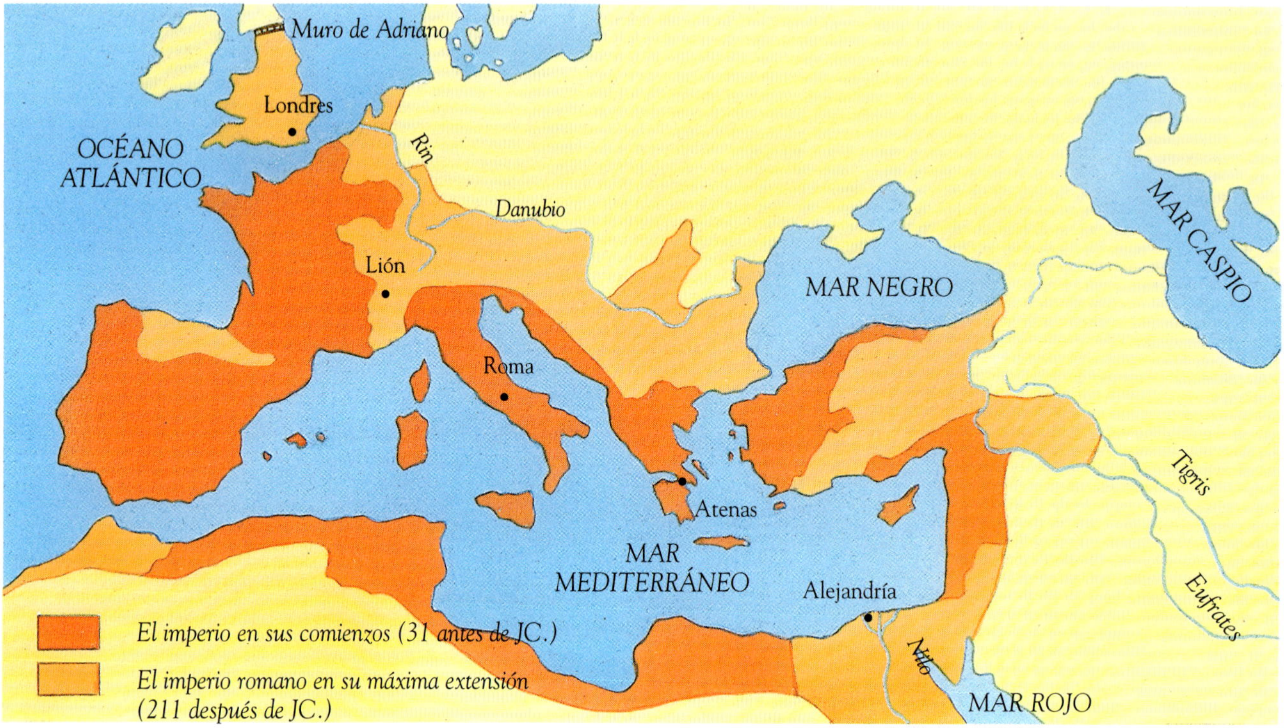

Los asesinos de César habían creído salvar la república. Pero, en el año 27 antes de JC., Octavio, el hijo adoptivo de César, recibe del senado el mando del estado y funda el imperio.

¿Quién es el emperador?

Es un príncipe todopoderoso que tiene el poder absoluto. Magistrados, jefes militares o senadores dependen de su buena voluntad. Las asambleas de ciudadanos continúan eligiendo a los magistrados y el senado sigue reuniéndose, pero cada vez con más frecuencia el emperador decide solo. Su título significa "general en jefe triunfante". Una corona de laurel simboliza su poder y tiene una guardia personal: la guardia pretoriana.

La paz en el imperio

En el siglo I, el territorio del imperio romano es ya inmenso. No obstante, los emperadores (Claudio, Trajano...) continúan sus conquistas. En el siglo II, el imperio romano alcanza su máxima extensión.

El imperio romano

¡9000 km de fronteras!

El desierto o los ríos como el Rin, el Danubio o el Eufrates forman protecciones naturales contra los pueblos bárbaros. Pero también es necesario construir fuertes y murallas para mantener la paz en las provincias del imperio. ¡En Bretaña (Inglaterra), para resistir a los bretones instalados al norte de la isla, el emperador Adriano hace construir un muro de protección de más de 110 km!

El emperador Nerón

En el año 64, se declara un gran incendio que asola Roma. Nerón, emperador déspota de reacciones violentas, es inmediatamente acusado.

La personalidad de Nerón, su violencia y también su pasión por el arte hacen que sea el emperador más singular de la historia romana. Sólo tiene 16 años cuando sucede a Claudio, su padre adoptivo.

¿Un verdadero artista?

Nerón pinta, compone poesías, toca la cítara. Persuadido de su talento, viaja a Grecia para participar en concursos musicales y teatrales... que gana. ¿Acaso no es el emperador? El aplauso del público adula su vanidad.

¿Un incendiario?

En el 64 después de JC., un gran incendio destruye el centro de Roma. ¿Quién es responsable? El rumor acusa injustamente a Nerón. Para desviar las sospechas, él acusa a los cristianos y los hace perseguir. Es realidad, probablemente el fuego empezó por accidente.

Un asesino

Al principio de su reinado, Nerón gobierna aconsejado por su maestro, el filósofo Séneca. Pero el joven príncipe pronto deja de escucharle y se convence de que todos quieren matarle. ¡Para protegerse, asesina a un gran número de personas, entre ellas a Británico, el hijo de Claudio, y a Agripina, su propia madre! Los senadores, la aristocracia y los grandes jefes militares intentan librarse de él. El senado lo declara enemigo público. Nerón huye y se suicida el 8 de junio del 68.

Busto de Nerón.

Un ejército muy organizado

Campamento romano fortificado.

El ejército dio su poder a Roma. Era al mismo tiempo un instrumento de defensa y de conquista. Sus victorias se deben a su muy estricta organización y a su dura disciplina.

¡Veinte años en la legión!

La fuerza del ejército romano descansa en sus legiones. Cada una de ellas cuenta con unos 5000 soldados de infantería. Los legionarios son ciudadanos enrolados durante 20 años. A cambio reciben un sueldo, más una jubilación y un pedazo de tierra. Algunos son reclutados entre las poblaciones conquistadas. ¡Sólo se convertirán en ciudadanos romanos tras 25 años de servicio! En tiempos de paz, los soldados participan en grandes trabajos: construcción de caminos, de acueductos, de fortificaciones en las fronteras...

Ejercicios físicos

Durante las campañas militares, el ejército recorre unos 25 km diarios. Una vez establecido el campamento, es necesario conservar la forma: 3 veces al mes, los soldados recorren 30 km de media a la carrera... ¡con 40 kg de equipo!

Una dura disciplina

Un general tiene derecho de vida y muerte sobre sus soldados. Un centinela que se duerma es azotado por los soldados del campamento hasta morir. Un robo, una mentira, se castigan con bastonazos.

Legión romana "haciendo la tortuga" para protegerse.

Roma y sus provincias

En Alesia, los galos se rinden tras un sitio de 2 meses. Galia se hace romana.

¡El imperio romano es inmenso! Está poblado de sirios, galos o egipcios a los que todo parece separar: el idioma, la religión, el estilo de vida... No obstante, los romanos consiguen unirlos en torno a su propia civilización.

El secreto de las victorias

¡A finales del siglo III antes de JC., el ejército romano puede movilizar un total de un millón de soldados! ¿Qué pueden hacer 30000 griegos contra los 270000 romanos que les atacan? Además, las tácticas de los romanos desconciertan a sus adversarios. Están muy organizados y, en vez de presentar una sola línea, avanzan en 3 filas que se lanzan al ataque. Después, se reagrupan. El enemigo, debilitado, ve con terror cómo vuelve a surgir un único frente más peligroso todavía.

Los romanos y las provincias

Normalmente, los habitantes de las provincias conquistadas aceptan la autoridad romana. Pagan impuestos y se someten a su justicia: aprecian la seguridad y la paz que instauran los invasores. Los intercambios se desarrollan.

La presencia romana

Legiones se establecen cerca de las fronteras del imperio. Al jubilarse, los legionarios suelen quedarse en la región. En el imperio, se reconoce la presencia romana por los caminos rectos y pavimentados que construyen para facilitar el abastecimiento.

Respetar a los dioses

Los romanos creen en centenares de divinidades y permiten que los conquistados conserven las suyas. Muchos dioses romanos se parecen a los griegos. A veces, el pueblo romano adopta los de otras civilizaciones.

En casa

La familia se reúne en torno al hogar y cerca del altar para honrar a los dioses domésticos.

El larario es una especie de pequeña capilla donde se encuentran estatuillas de cera de los lares (los espíritus que protegen la casa) y de los penates (los dioses de las provisiones). El padre de familia deposita pasteles de miel, vino, flores ante el altar o lanza a las llamas del hogar la parte de comida destinada a los dioses.

¿Cómo alejarse del mal?

Cuando una epidemia, un terremoto u otro desastre se abate sobre los romanos, los grandes sacerdotes consultan los libros sagrados. Normalmente, aconsejan organizar un sacrificio o construir un templo.

Conocer el futuro

Como los griegos, los romanos están atentos a la menor señal de manifestación divina. El vuelo de los pájaros, el aspecto de las entrañas de los animales sacrificados, la frecuencia de los relámpagos durante una tormenta, son interpretados como buenos o malos presagios.

Los sacerdotes podían ser políticos y, a veces, también mujeres.

Una nueva religión

Los primeros cristianos inquietaron a los romanos. Muchos emperadores los persiguieron. Algunos fueron entregados como comida a las fieras.

Mientras los romanos ocupan Judea, una provincia de Palestina, aparece una nueva religión: el cristianismo. Algunos romanos la adoptan, pero tendrán lugar muchas persecuciones antes de que esta religión sea reconocida por los emperadores.

La persecución de los primeros cristianos

Los cristianos se niegan a honrar a los dioses de la ciudad, lo que provoca la cólera de los romanos. Éstos acusan a los cristianos de conspirar contra el emperador. En el reinado de varios emperadores, como Nerón, los cristianos que se niegan a abandonar su fe son perseguidos: quemados vivos o echados a las fieras. Para rezar y practicar su religión, los cristianos se ven obligados a reunirse en secreto por la noche.

El sueño del emperador Constantino

El valor de los mártires cristianos impresiona mucho a los paganos romanos. ¿No será el dios de los cristianos más poderoso que los demás? Poco a poco, más y más romanos descubren el mensaje de Cristo y se convierten. Por fin, el año 313 después de JC., el emperador Constantino autoriza a los cristianos a practicar su religión. Se cuenta que la víspera de una batalla tuvo un sueño en el que vio la cruz de Cristo elevarse en el cielo. Al salir victorioso de esa batalla, decidió convertirse.

Roma, una ciudad modelo

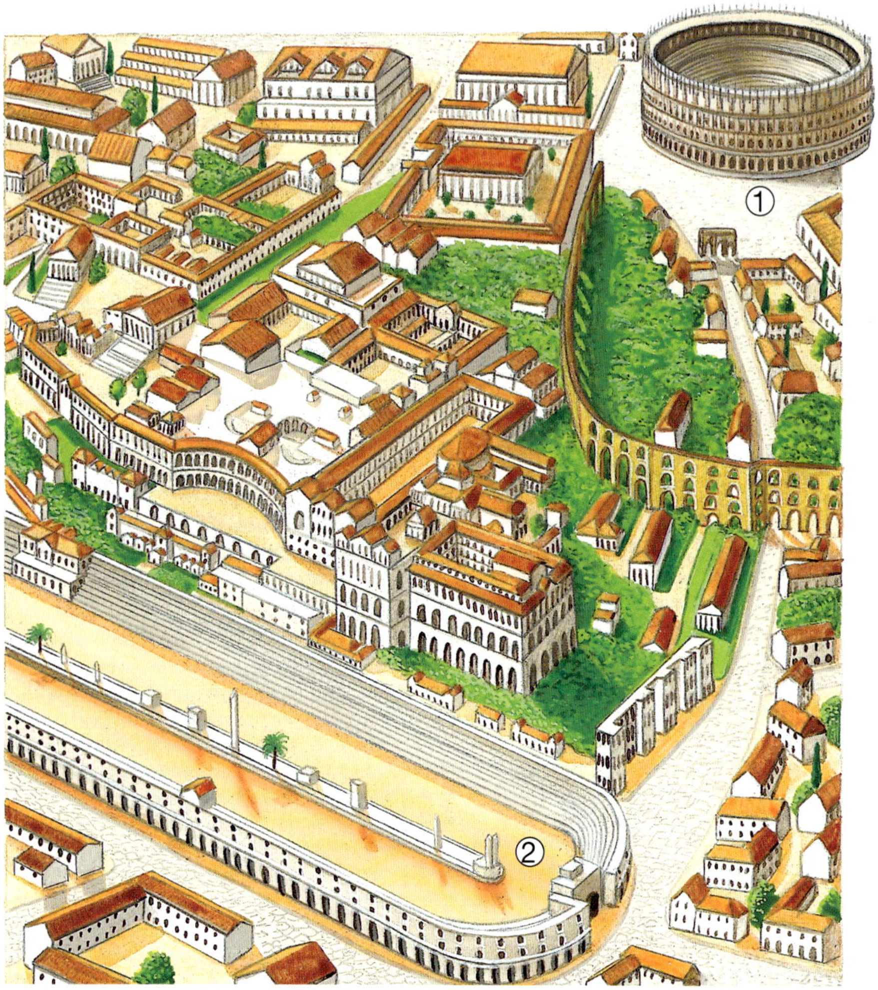

Los habitantes de las provincias romanas se enorgullecen de la capital de su imperio. La consideran un modelo de belleza.
1 - El coliseo. 2 - El gran circo.

En el siglo II, Roma es la ciudad más grande de occidente y una de las más ricas. Los emperadores quieren que Roma sea una imagen de su poder. Hacen construir foros, templos, arcos de triunfo y anfiteatros. Pronto, las demás ciudades del imperio copian a su hermosa capital.

¿Qué es el foro?

Es un enorme recinto bordeado de bonitos edificios que son públicos. Es el centro administrativo y financiero de la ciudad. También allí se celebra el mercado, tienen lugar ciertas fiestas y los políticos pronuncian sus discursos.

Calles animadas

Junto a los enormes espacios públicos, la ciudad está atravesada por un laberinto de calles pavimentadas, estrechas y sinuosas. ¡Durante el día, los tiros de caballos y las yuntas de bueyes tienen prohibida la circulación! Una muchedumbre ruidosa de peatones: comerciantes, viajeros, esclavos cargados de provisiones se empuja mútuamente... También se grita de una ventana a otra de los edificios de ladrillo de varios pisos. ¡En el siglo II, Roma cuenta con un millón de habitantes! Cuando el sol se pone, los romanos se encierran en sus casas porque no hay iluminación pública. Los que vuelven tarde de un banquete se hacen acompañar por esclavos con antorchas, porque de noche las calles no siempre son seguras.

La vida de un romano rico

En las termas existían varios baños: calientes, tibios y fríos. Habían ideado un ingenioso sistema de calentamiento.

Los romanos ricos dividen su tiempo entre la carrera pública y los negocios privados. ¡Sin olvidar los placeres de los baños y de la mesa!

Mañanas estudiosas

Al amanecer, el romano rico recibe en su casa a ciudadanos pobres. Les distribuye una cesta-desayuno. Espera ser premiado por su generosidad en el momento de las elecciones, porque muy a menudo lleva una carrera política. Después, tras solucionar los asuntos concernientes a sus propiedades y sus bienes, va al foro o al senado para ejercer sus funciones de magistrado. ¡A mediodía, su jornada de trabajo ha terminado!

Los baños

Un almuerzo ligero, una siesta... y el romano rico se dirige a los baños públicos, las termas. Allí, pasea por los jardines, hace ejercicio físico, lee en la biblioteca. Después, toma un baño de vapor caliente y se limpia con un pequeño rascador. Finalmente, tras un baño frío, recibe un masaje y un esclavo le frota y perfuma.

La cena

Es la comida que cierra el día. Los invitados esperan en camas dispuestas alrededor de una mesa baja. Los invitados comen con los dedos y beben vino mezclado con agua. Algunas terminan al alba.

Ser un niño romano

Escuela romana.

Según la riqueza de la familia, el joven ciudadano romano tendrá una educación más o menos aventajada... si no es abandonado al nacer, costumbre aceptada por la ley.

Los recién nacidos

En el curso de una ceremonia familiar, el padre muestra que reconoce al niño cogiéndolo en brazos. Pero el padre también puede rechazarlo si es deforme, por ejemplo. Entonces lo abandona y los que lo recojan lo transformarán en esclavo o lo querrán como si fuera su propio hijo.

¡Tres nombres!

El apellido familiar del joven suele terminar en latín por "ius", como Claudius. Su nombre es el de uno de sus antepasados: Marcus, Titus... El apodo resalta un rasgo personal, como Rufus, "pelirrojo", o Brutus, "tonto".

¿Todos a la escuela?

En el imperio, las escuelas primarias acogen a todos los niños, incluso a los pobres. Entre los 12 y los 18 años, los hijos de los ricos frecuentan escuelas secundarias donde aprenden griego y retórica, el arte de saber hablar. Las chicas son educadas para convertirse en buenas amas de casa.

Los niños juegan a las tabas y con muñecas. También se divierten con pelotas de piel cosidas y rellenas de salvado.

Una vida de esclavo

Una rica romana tenía numerosas esclavas para que la ayudasen a prepararse, peinarse, maquillarse.

En las familias ricas

Los esclavos son numerosos. Son sirvientes, preceptores para los niños, jardineros, cocineros... Su amo los alimenta, viste y aloja, pero si se portan mal son castigados.

¿Quiénes son los libertos?

Sucede a menudo que los amos, en reconocimiento a los servicios prestados, liberen a sus esclavos... ¡antes de comprar otros! Los romanos ricos demuestran así su generosidad liberando esclavos por decenas. Estos nuevos hombres libres se convierten a veces en ricos comerciantes. Pero, sea cual sea su destino, siempre permanecen fieles a su antiguo amo. Uno de los libertos más famosos, Narciso, era secretario del emperador Claudio.

Los esclavos son prisioneros de guerra, delincuentes y niños abandonados. ¡Pueden ejercer las funciones de médico, gladiador, pastor o hasta secretario del emperador! Pero no tienen ningún derecho cívico o jurídico.

¿Cómo son tratados?

Contrariamente a los griegos, los romanos no consideran a sus esclavos como cosas. En algunas familias, lazos de amistad unen a amos y a esclavos. Los que trabajan en las minas tienen condiciones de vida más difíciles, pero si son maltratados por sus amos, éstos pueden ser perseguidos por la justicia.

Revuelta

En el 73 antes de JC., se rebelaron numerosos esclavos liderados por el gladiador Espartaco. Resistieron 2 años al ejército romano antes de ser exterminados.

Los juegos del circo

En la pista, cada golpe, cada herida de la que mana sangre, excita un poco más a los espectadores que animan a los combatientes a luchar. Un gladiador herido pide gracia. El emperador interroga al público. Con un gesto del pulgar, indica su sentencia. Cuando un gladiador ha salido victorioso de muchos combates, es liberado y conoce la gloria.

Las carreras de carros

También fascinan a los romanos. Los apostadores eligen uno de los cuatro equipos en carrera. Cuando su favorito llega primero, lo aclaman y juzgan la victoria como un buen augurio.

Los romanos adoran los juegos del circo. Los emperadores gastan fortunas para satisfacer esta pasión. Así, se aseguran una gran popularidad y el pueblo, contento, no piensa en sublevarse.

Combates sin piedad

La muchedumbre se empuja en el anfiteatro, gran teatro oval a cielo abierto. La pista está cubierta de arena para absorber la sangre de las víctimas. Toros, leones, rinocerontes, caballos, osos, gacelas elefantes se matan entre ellos o perecen bajo las espadas. El público está fascinado por esta matanza, pero los combates entre hombres les gustan todavía más.

¿Quiénes son los gladiadores?

Son prisioneros de guerra, delincuentes, incluso hombres libres que han elegido esa profesión.

Los conductores arriesgan a menudo su vida: las ruedas de un carro golpean el bordillo en una curva o destrozan las de otros carros.

Grandes constructores

Las 76 entradas del Coliseo y las decenas de pasillos facilitan la circulación y permiten una evacuación sin aglomeraciones.

Los romanos son hábiles constructores. En todo el imperio, innumerables talleres dan nacimiento a monumentos que desafiarán el tiempo.

¿Qué construían los romanos?

Los ingenieros demuestran su gran habilidad para construir acueductos, puentes, cloacas, caminos pavimentados...
En cuanto a los arquitectos, utilizan arcos, arcadas y cúpulas para dar amplitud a las termas, a los templos...

Agua para las ciudades

Los romanos saben cómo llevar agua hasta sus ciudades. Siguiendo un plano ligeramente inclinado, fluye por las tuberías que parten de las fuentes de montaña. Los acueductos pasan bajo las montañas y enlazan los valles. Llegados hasta la ciudad, alimentan las fuentes, las termas, los lavabos públicos y los edificios.

El Coliseo

El más grande y mejor estudiado de los anfiteatros romanos puede acoger a más de 50000 espectadores. Su construcción empieza el año 72 después de JC. por orden de Vespasiano y termina diez años después.
Un sistema de bombas hidráulicas en el subsuelo permite transformar la arena en un lago artificial donde se organizan combates navales.

Roma y los “bárbaros”

Un navío mercante como éste podía contener 6000 ánforas (grandes vasijas de tierra cocida).

Las pieles provienen del norte de Europa. Del África negra se importa el marfil, el oro y los animales salvajes. La seda llega de China. Las especias, el perfume y las piedras preciosas vienen de la India. Todos esos productos de lujo convergen hacia Ostia, el puerto de Roma. Por su parte, Roma exporta vino, aceite de oliva y cerámica.

De sus lejanos viajes, los romanos traen animales exóticos, como elefantes, avestruces o jirafas para divertir al público, incluso leones para los combates circenses.

En el curso de sus conquistas, los romanos se ven muy influenciados por los pueblos que dominan, sobre todo por los griegos, de los que copian la arquitectura, el arte... Al mismo tiempo desarrollan el comercio y otras relaciones.

Intercambios fronterizos

Los legionarios romanos apostados en las fronteras (los limes) frecuentan a sus vecinos extranjeros, a los que llaman "bárbaros". Así, en el Rin, los romanos se aprovisionan de carne fresca de los pastores germanos. También compran las pieles necesarias para fabricar su calzado y sus tiendas. Los dos mundos aprenden a conocerse. y a partir del siglo III se enrolan bárbaros en el ejército romano.

Más allá del imperio

A pesar de la inmensidad de su territorio, los romanos buscan ciertos productos fuera del imperio.

El fin del imperio

Los hunos y su jefe, Atila, atacando a los romanos.

A partir del siglo III después de JC., la paz se complica: las riquezas del imperio romano provocan la envidia de los pueblos bárbaros que viven fuera de sus fronteras.

Fronteras amenazadas

En el siglo III, el ejército ya no puede proteger las fronteras. Los bárbaros penetran en territorio romano. Son los francos, alamanes, godos, pero también persas procedentes de oriente.

El imperio está dividido

Bandidos y piratas se multiplican. Las provincias ya no se sienten protegidas por Roma. El orden se restablece temporalmente cuando, hacia el año 300, el emperador Diocleciano reorganiza la administración. Divide el territorio en dos: el imperio romano de oriente y el de occidente. Poco a poco, el poder de Roma decrece. Cada una de sus dos partes está dirigida por un emperador. En el 330, el emperador Constantino hace de Constantinopla la nueva capital.

Grandes invasiones

Llegados de Asia, los hunos, temibles guerreros nómadas, buscan tierra cultivable. Ante ellos, pueblos enteros huyen hacia el oeste y el sur de Europa, y cruzan las fronteras del imperio. Los visigodos saquean Roma en el 410. En el 455, es el turno de los vándalos. Finalmentc, en el 476, el imperio romano de occidente se hunde, atacado por los germanos. La mitad oriental de imperio permanece intacta y se llama "Imperio bizantino".

Busto del emperador Constantino.

China

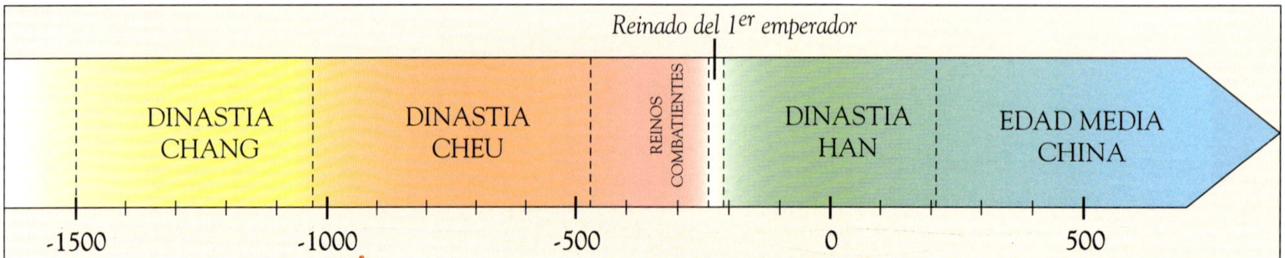

Confucio, maestro del pensamiento chino (551-479 antes de JC.).

La gran muralla.

Invención del papel, hacia el 100 después de JC.

La historia de la civilización china empieza hacia el 1500 antes de JC. En el transcurso de los siglos, los chinos han construido un inmenso imperio. Sus descubrimientos científicos y técnicos, así como su pensamiento, han marcado la historia de toda la humanidad.

La época de los Chang y los Cheu

Grandes familias de soberanos marcan los comienzos de la civilización china. La primera dinastía conocida es la de los Chang. A finales del siglo XI antes de JC., los Cheu persiguen a los Chang y se convierten en los dueños del país. Pero, entre el 481 y el 221 antes de JC., los poderosos señores del reino luchan entre ellos por el poder y la tierra. Guerras incesantes hacen desaparecer la dinastía de los Cheu: es la época de los reinos combatientes.

El primer emperador

En el 221 antes de JC., el señor del reino de Ts´in consigue dominar a sus rivales. Toma el título de emperador. Este primer emperador (259-210 antes de JC.) unifica el país y lo gobierna con mano de hierro. También hace construir la Gran Muralla. El pueblo no le aprecia mucho. Poco después de su muerte, la dinastía Ts´in es derrocada por una revuelta campesina organizada por los Han.

El imperio de los Han

Los emperadores Han amplían el imperio chino por el oeste, el nordeste y el sur, más allá del río Azul. Gobiernan su inmenso territorio ayudados por funcionarios: los mandarines.
Pero revueltas campesinas aniquilan la dinastía más fuerte y más rica de la antigua China. Después, el país entra en la Edad Media china. El último emperador será destituido en 1912.

“El imperio medio"

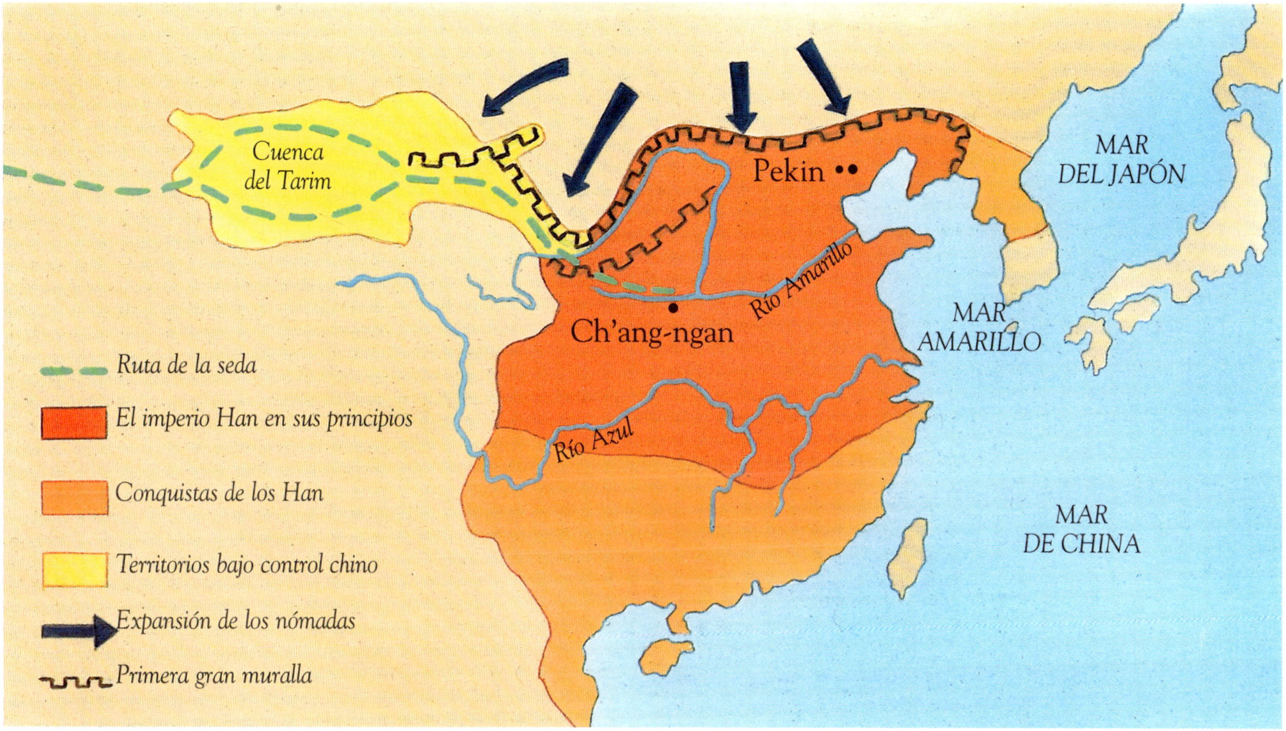

En las riberas del río Amarillo, donde la tierra es fértil, viven hombres desde la prehistoria. La cuenca del río es el corazón de la antigua China. A partir de ahí, los chinos extendieron su territorio creando “el imperio medio”, llamado así porque creían que ocupaban el centro del mundo.

El río Amarillo dominado

Se cuenta que, en el siglo XXII antes de JC., Yu, fundador de la legendaria dinastía de los Hia, llegó a dominar el curso caprichoso del río: hizo construir diques y canales que impedían que se desviase de su curso. ¡La leyenda también dice que Yu debió su éxito a un mapa del mundo que le entregó un dragón que surgió milagrosamente del río!

El río Amarillo

El río Amarillo, o Yang-Tsé, debe su nombre al color del barro que aportan las altas llanuras tibetanas. Cantidades de aluvión se depositan en el fondo del río. Algunos años, durante una fuerte crecida, el río llega a sobrepasar su cauce y vierte sus aguas en las llanuras.

Un país de contrastes

En invierno, las llanuras del norte son barridas por un viento glacial. Pero el sol y el calor del verano hacen madurar los cereales. Al sur del río Azul, el clima es tropical y las lluvias del monzón permiten el cultivo del arroz. Al oeste, no hay mas que montañas, estepas y desiertos, donde viven pastores nómadas.

La sabiduría china

Cada chino elige la religión que más le gusta. La mayoría de ellas se basan en la observación de los ritmos y los caprichos de la naturaleza: terremotos, sequías, inundaciones... A partir del siglo VI antes de JC., sabios como Lao-Tsé y Confucio usan esas creencias para fundar su filosofía.

Importancia del espíritu

Los chinos piensan que las montañas, los ríos, los bosques, los lagos, el viento... están habitados por espíritus.
Los honran para conseguir su protección. Para ello, se dirigen a menudo a un chamán que domina el arte de controlar los espíritus y comunicarse con ellos.
Los chinos también honran a sus antepasados muertos.

El Yin y el Yang

Para los chinos son dos fuerzas contrarias y complementarias que componen la armonía del universo. La energía Yin se encuentra en la oscuridad, el frío, la tierra, la luna, la mujer. La energía Yan, en la luz, el calor, el cielo, el sol, el hombre. Juntos, garantizan el equilibrio del mundo.

¿Qué es el taoísmo?

Sobre todo es una filosofía fundada en el siglo V antes de JC. por Lao-Tsé. Cada ser debe encontrar su "vía", su "tao". La meditación y la búsqueda de una armonía con la naturaleza conducen a la inmortalidad. Después, el taoísmo se convierte en una religión muy extendida por China.

El signo del Yin (en negro) y del Yang (en blanco).

El Budismo

En el siglo I antes de JC., comerciantes extranjeros descubrieron el budismo a los chinos letrados. Después, esta religión se expandió entre los campesinos.

Un maestro: Confucio

Confucio no dejó ningún escrito; son sus alumnos y discípulos los que dan a conocer sus palabras.

En la época de los reinos combatientes, un hombre llamado Confucio (551-479 antes de JC.) se pasea por toda China. Los príncipes le conceden audiencias en sus palacios. Intenta extender la voz de la sabiduría para que los hombres sean mejores.

¿Quién es Confucio?

Confucio nace en una familia pobre. Huérfano de padre a los tres años, es criado por su madre en el respeto a la tradición y a los antiguos rituales. Crece en un momento en que los señores del reino Cheu se disputan el poder en un periodo de violencia, traición y mentira.
Ya adulto, se siente desolado al ver ese caos y quiere enseñar una nueva sabiduría para ayudar a que los hombres sean mejores.

¿Qué sabiduría?

Su sabiduría implica ocho actitudes. el respeto a los demás, la tolerancia, el perdón, la fidelidad, la devoción, la confianza, el deber y el culto a los antepasados. Eso debe hacer del hombre un ser bueno, recto y virtuoso.

¿Siguieron sus enseñanzas?

Ningún príncipe quiere escuchar los consejos de Confucio. Decepcionado, el sabio regresa a su provincia, donde funda una escuela. Sólo más tarde los emperadores adoptan su filosofía que, durante más de veinte siglos, influirá en la sociedad china.

El primer emperador

La vida del señor

El señor, en China, ya esté al mando de un pequeño reino o sea el emperador, es considerado como un dios. Nadie puede contestar sus decisiones y sus actos, su poder es mágico. El señor no juega, no canta, no ríe. Se sostiene de pie y sus movimientos deben ser lentos. Habla poco, responde "sí" o "no". Las comidas se rigen según reglas estrictas en función de las estaciones. El que se dirige al señor no debe mirarlo por encima de la barbilla.

Yin Cheng sólo tiene trece años cuando asciende al trono de reino de Ts´in. Los otros soberanos chinos temen rápidamente a este temible adversario. En el 221 antes de JC., se proclama emperador (Huang-ti), el primero de toda la historia de China.

Una sola China

El emperador confía la administración del territorio a funcionarios colocados bajo sus órdenes: los mandarines. Ellos se encargan de aplicar las reformas decididas por su señor. Las leyes, las medidas, el dinero, la escritura, el calendario se unifican. ¡Incluso el espacio entre las ruedas de los carros debe ser igual en toda China!

Sabios perseguidos

Estas reformas indignaron a los sabios y algunos osaron desafiar al emperador. ¡Era demasiado! El emperador hace ejecutar a 460 de ellos. También hace quemar todos los libros antiguos que cuentan la historia de los soberanos de China, así como las obras que explican la filosofía de Confucio.

Centenares de soldados de arcilla, a tamaño real, han sido enterrados cerca de la tumba del primer emperador.

La gran muralla

Los obreros que trabajan en la gran muralla son campesinos, prisioneros, soldados… dirigidos y vigilados estrechamente por el ejército.

El emperador obliga a los campesinos a ejecutar trabajos pesados: la construcción de carreteras, de palacios, de canales de regadío… El más increíble de estos trabajos es la gran muralla.

¿Por qué esa muralla?

La muralla une antiguas torres fortificadas. En su origen, se planeó para proteger el territorio del ataque de los bárbaros, pero también forma una ruta que unifica el país y que sirve para el avituallamiento de las distintas guarniciones. En realidad, esta gigantesca muralla no protegió del todo a China de las invasiones que tanto temía.

¡Un esfuerzo sobrehumano!

Para esta construcción, el emperador reúne miles de hombres que trabajan como esclavos bajo una disciplina militar. Muchos de ellos mueren en la tarea, de agotamiento o de enfermedad. ¡Se deshacen de sus cadáveres enterrándolos en los muros en construcción! Prosiguieron estos increíbles trabajos durante unos 2000 años.

Una construcción única

El resultado final es increíble: 3500 km de muralla, 25000 torres de guardia situadas a intervalos regulares. Se reconstruye y se completa en el siglo XV. ¡Aún hoy día es la única realización humana visible desde la Luna!

Los “cabezas negras”

Los chinos, llamados "cabezas negras", son un pueblo de pequeños campesinos. Llevan una vida de duro trabajo. Afortunadamente, las fiestas rompen la monotonía de su existencia.

El trabajo

Hombres y mujeres tienen sus tareas. El trabajo en los campos, la caza y la pesca están reservados a los hombres, mientras que las mujeres cuidan de los gusanos de seda y tejen. En la estación cálida, los campesinos aran y recolectan los diferentes cereales (trigo, mijo, arroz). Durante el invierno, las mujeres hilan y tejen el cáñamo y la seda. La ganadería es escasa y se limita a cerdos, ovejas y aves.

Las fiestas

En primavera y otoño, tienen lugar fiestas en plena naturaleza. Se trata de una sucesión de juegos, bailes y canciones. En estas ocasiones las muchachas y los jóvenes pueden encontrarse para después unirse.

Los campesinos se rebelan

A menudo, los soberanos obligan a los campesinos a alejarse de su familia y de su tierra para que construyan diques, canales y caminos. La tierra es acaparada por los ricos y trabajada por esclavos. Cuando las inundaciones y el hambre se suman a estas desgracias, los campesinos acusan al emperador. En el 184 después de JC., los rebeldes llevan turbantes amarillos, el color de su tierra. La rebelión de los “turbantes amarillos" provoca la caída de la dinastía Han.

Los campesinos chinos inventaron muy pronto las herramientas de hierro y el arado, lo que les permitió cultivar mejor la tierra.

La familia china

En la antigua China, varias generaciones viven bajo el mismo techo y los ancianos son muy respetados. Los niños no reciben la misma educación según sean varones o hembras.

El nacimiento

Los chinos anuncian el nacimiento de un niño colgando encima de su puerta un arco y flechas si es un varón; y una servilleta o una tela si es una hembra. Desde los primeros momentos, se vigilan atentamente los bebés para ver si tienen alguna anomalía o impedimento. Las hembras, sobre todo, no deben tener ningún defecto físico. Si, por ejemplo, es roja y peluda, los padres la rechazan. El nacimiento de un varón es celebrado públicamente; el de una hembra, no.

La educación

Muchachos y muchachas pasan su infancia cerca de las mujeres. El chico aprende a decir "sí" con un tono resuelto y firme, como los hombres. Al contrario, la chica asiente de manera sumisa. A los siete años, los niños son separados. Los muchachos van con sus maestros, que les enseñan los rituales de la cortesía, la danza, el tiro con arco, la conducción de carros. Las muchachas permanecen en el gineceo (el cuarto de las mujeres), donde aprenden a tejer, hilar, coser, alimentar a los gusanos de seda.

Un matrimonio acordado

Los jóvenes se casan temprano, hacia los catorce años, y no pueden elegir. Son los padres los que acuerdan el matrimonio. Entonces, la mujer sigue a su marido y se instala en casa de sus suegros.

Escritura y caligrafía

¡La escritura china, aparecida hacia el 1500 antes de JC., todavía se usa hoy día! Los miles de caracteres chinos representan objetos, ideas, nunca sonidos. ¡Lo que obliga a los niños a aprender centenares de ellos antes de saber escribir!

Los pictogramas
Los primeros signos de escritura china son dibujos simplificados llamados "pictogramas". Representan gestos o cosas fáciles de reconocer y se leen verticalmente. Con el paso del tiempo, los signos cambian y se vuelven más abstractos.

¿Escribir sobre qué?
Al principio, los signos sirven para anotar adivinaciones sobre conchas de tortuga. Después, los chinos escriben sobre vasijas, piedra, huesos, seda... Los primeros libros están hechos de láminas de bambú o madera, unidas por correas de cuero o seda. Un pincel de pelo empapado en un tubo de bambú que contiene tinta negra sirve para dibujar la forma de los caracteres.

La caligrafía
Sólo algunos privilegiados puede aprender el arte de escribir: la caligrafía. Un maestro venerable enseña a sus alumnos el orden en que deben escribir los trazos de cada signo (¡para algunos signos hacen falta más de una decena de trazos!). También enseña la armonía de sus proporciones. Manejando su pincel con el codo alejado del cuerpo, el calígrafo aprende los gestos que darán vida y elegancia a los signos.

Aquí tienes la evolución de dos caracteres: a la izquierda, el carácter que significa "pájaro"; el de la derecha significa "árbol".

La cultura del gusano de seda

Para alimentar a los gusanos de seda, los hombres recogen hojas de morera. Los gusanos se colocan en parrillas y poco a poco fabrican su capullo. Antes de que las larvas se conviertan en mariposas, las mujeres sumergen los capullos en agua caliente para destejer el hilo de seda.

Los chinos tiñen la seda desde hace por lo menos 5000 años. Durante siglos, conservarán celosamente el secreto de su fabricación.

Un origen legendario

El origen de la fabricación de la seda es un misterio. Pero los chinos dicen que una oruga divina ofreció a una soberana victoriosa una tela que ella misma había tejido. La reina, fascinada por la maravillosa tela, "ligera como una nube, lisa como el agua ", tuvo la idea de criar gusanos de seda alimentándolos con hojas de morera. Fue la primera mujer en tejer seda.

La crianza

Las mujeres se ocupan de la crianza de los gusanos de seda. Las gruesas orugas, larvas de una mariposa llamada bombyx, tejen un capullo formado por un largo hilo de seda.

Recuperar el hilo

Antes de que las orugas rompan su inapreciable envoltorio para convertirse en mariposas, las mujeres lo recuperan y destejen el hilo de seda. ¡Mide aproximadamente 1 km de largo y apenas pesa 1 g! Después, unen muchos hilos juntos para hacer sólo uno, que tejerán con otros para conseguir la tela. Entonces tiñen el tejido con tintes naturales.

Grandes inventores

Los astrónomos son muy importantes. El gran astrónomo es uno de los funcionarios más importantes.

Carretilla inventada por los chinos

La reja del arado, el enjaezado, el timón, el molino de agua, la parihuela, el estribo... Los chinos inventan y utilizan estas técnicas ante los europeos. Durante siglos, su ingenio y sus conocimientos científicos superan los de otros pueblos.

Puentes ingeniosos

Desde el siglo VI antes de JC., los chinos son siderúrgicos experimentados. Gracias a hornos de alta temperatura, crean la fundición de acero y hierro. Así fabrican cables para sostener puentes suspendidos. ¡Estos puentes se tienden sobre los barrancos de las montañas del oeste y ahorran largos rodeos a comerciantes, soldados o viajeros!

La nariz en las estrellas

Los astrónomos chinos miden la posición de las estrellas en relación al ecuador. Sus cálculos eruditos sirven para fijar el calendario oficial. Los chinos creen poder leer el destino del mundo en el cielo. Así, para fijar la fecha de una ceremonia o el comienzo de los grandes trabajos, observan lo que les dice el cielo.

El papel

La tradición atribuye la invención del papel a un chino, hacia el 105 después de JC. En realidad, las primeras pruebas son más antiguas. Las primeras hojas están hechas a base de cáñamo. Después, la corteza de morera, el bambú, el lino, la paja del arroz, sirven para fabricarlo.

La pasta de papel es colada y después dejada que se seque para hacer las hojas

Una medicina natural

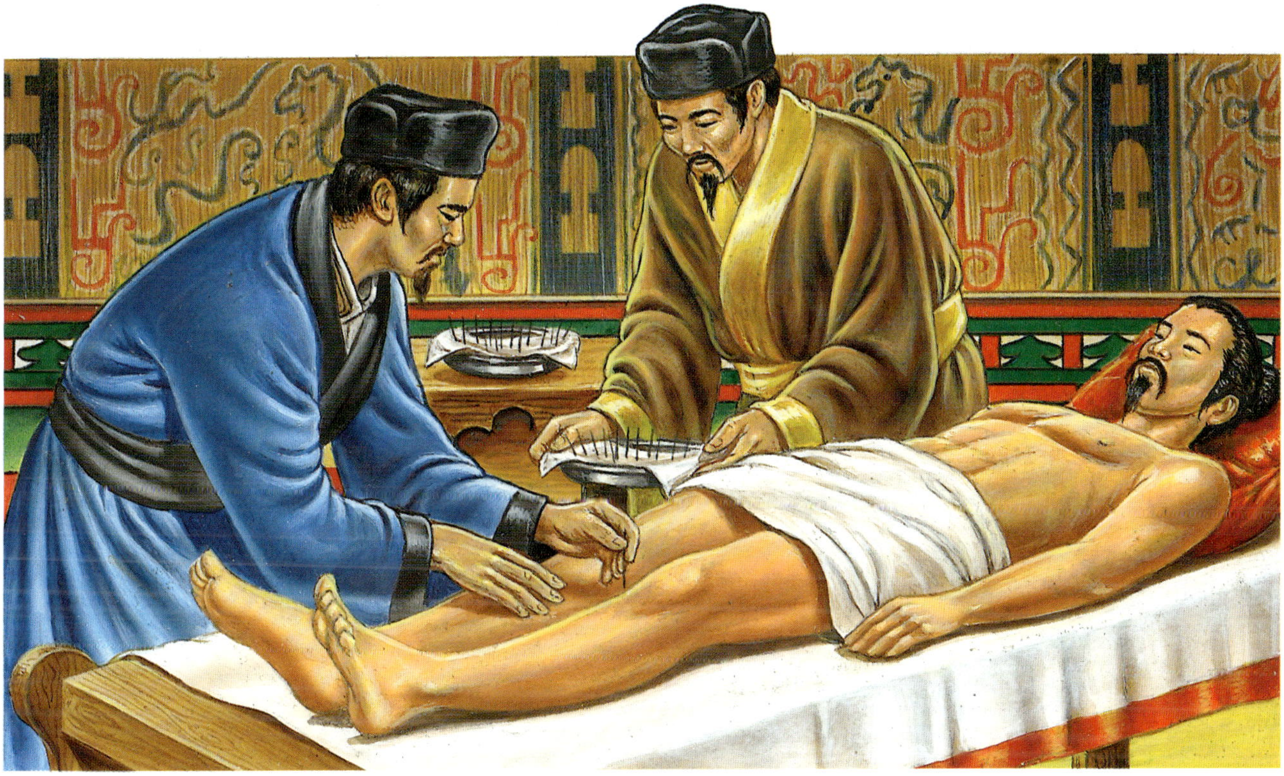

El acupuntor debe colocar sus agujas en lugares muy precisos del cuerpo, situados en las líneas por donde circula la energía.

Para los chinos, el cuerpo humano es un modelo reducido del universo. Cuando este pequeño mundo funcione al mismo ritmo que el grande, el hombre tendrá buena salud. Si no, enfermará.

Un cuerpo a imagen del universo

Cada parte del cuerpo corresponde a un elemento del mundo. La cabeza es el cielo. Los pies son la tierra. El pecho y el lado izquierdo del cuerpo son el Yang. La espalda y el lado derecho son el Yin.
Los brazos y las piernas son las cuatro estaciones.
Los ojos son el sol y la luna.
La respiración es el viento.
La sangre es la lluvia...

¿Qué es la enfermedad?

Cuando un hombre come mal o no duerme lo bastante, es que no está en unión con el ritmo de la naturaleza.
Para la medicina tradicional china, la enfermedad es un desfase del equilibrio entre el cuerpo humano y el universo. Es necesario restablecer una relación armoniosa entre ellos.

Hierbas y agujas

Los médicos curan a sus enfermos con extractos de hierbas, de frutas, de granos, de minerales o de animales. También utilizan la acupuntura, que consiste en clavar agujas en la piel, sobre una de las 12 líneas del cuerpo por donde circula la energía. El extremo de la aguja que sostiene el médico sirve para captar las fuerzas cósmicas, mientras que la punta las transmite al paciente.

Guerras sangrientas

Originalmente, la guerra enfrentaba a nobles que respetan las reglas de la cortesía y el honor. Pero, en la época de los reinos combatientes, se transforma en un enfrentamiento violento en el que, a la victoria, le sigue sistemáticamente una matanza. Este periodo de guerras continúas conlleva progresos militares.

La guerra "a la antigua"
En las primeras épocas de la historia china, la guerra es un asunto de honor entre señores. Los combates de carros enfrentan a los adversarios. Los carros de dos ruedas son tirados por cuatro caballos. En el centro se encuentra el conductor, el lancero a su derecha y el arquero a su izquierda. La lucha puede ser atroz; el choque, sangriento. Pero un guerrero nunca ataca a un enemigo en tierra.

Una nueva táctica
A partir del siglo III antes de JC., las reglas del arte militar cambian. Los chinos se enfrentan a los hunos. Estos nómadas que cruzan regularmente la frontera del norte de China, son guerreros temibles. Montados en caballos fuertes y rápidos, disparan sus flechas con una destreza letal. Los chinos abandonan el carro y también organizan la caballería. Sustituyen sus lanzas por espadas y ballestas. En la época de los reinos combatientes, la violencia es increíble. ¡Junto al botín de esclavos, caballos y ganado, las cabezas cortadas se cuentan por miles!

La ruta de la seda

Una caravana en la ruta de la seda.

En el 138 antes de JC., un embajador del emperador Wu, de la dinastía Han, parte con una escolta al encuentro de los pueblos de occidente. Espera poder aliarse con los nómadas del noroeste y abre así la ruta de la seda por la que, durante siglos, comerciarán oriente y occidente.

La primera caravana

A finales del siglo II antes de JC., un centenar de comerciantes chinos parten de la capital, Ch´ang-ngan, en dirección al oeste. Después, artesanos y artistas se unirán a las caravanas comerciales para conocer nuevos horizontes. El viaje no es peligroso al abrigo de la gran muralla, pero más lejos, los ataques de los nómadas y el desierto pueden entrañar la muerte.

Encuentros enriquecedores

El oasis de Kashi es el punto de encuentro entre los comerciantes. Los que vienen del Mediterráneo, Persia o India intercambian cristal, perfume o piedras preciosas por la seda de los mercaderes chinos. Todo diferencia a estos viajeros: su físico, su ropa, su idioma, su religión, sus costumbres. Los chinos vuelven a casa cargados de mercancías... y de recuerdos.

Los romanos y la seda

A partir del siglo I después de JC., los romanos importarán seda de China. Se sienten fascinados por esta tela misteriosa, ligera, cálida, fuerte, y la compran a precio de oro.

Las últimas dinastías

La ciudad prohibida albergó a los emperadores de las dinastías Ming y Ts´ing. Apenas salían de su recinto.

Tras la caída de los Han, los períodos de división alternan con momentos de unidad. El imperio chino sobrevive hasta principios del siglo XX. Con él, la civilización china sigue evolucionando.

Los T´ang (618-907) y los Song (960-1279)

Bajo las dinastías T´ang y Song prosiguen los progresos técnicos: la imprenta y la pólvora, inventadas hacia el siglo X, se las debemos a los chinos.

Los mongoles (1280-1368)

Son nómadas del norte de China. En 1227 franquean la gran muralla y toman Pekín. En 1280, el mongol Kublai Kan funda la dinastía Yuang y China se abre al exterior. ¡El veneciano Marco Polo conoce a Kublai Kan y éste le concede la administración de una provincia china durante tres años!

Los Ming (1368-1644)

Los soberanos Ming gobiernan de manera autoritaria. Uno de ellos, el emperador Yong-lo (1403-1424), hace construir la ciudad prohibida. Situada en el corazón de Pekín, este inmenso palacio se convierte en la residencia de todos los emperadores y de sus familias.

Los Ts´ing (1664-1912)

La dinastía de los Ts´ing será la última en ostentar el trono. Guerras civiles y revueltas se suceden en los últimos decenios de su reinado. En 1912 se proclama la República: China entra en la era moderna.

El último emperador sólo tenía 3 años cuando subió al trono de China.

Japón

Japón no entra en la historia hasta el siglo VI después de JC. Se unifica y toma a China como modelo en muchos aspectos. Desde el siglo VIII, los japoneses afirman su particularidades y dan nacimiento a una civilización original.

La época Yamato (siglos VI y VII)

Durante mucho tiempo, Japón está dividido en muchos clanes formados por grandes familias lideradas por un jefe. El clan de la provincia de Yamato termina por imponerse a los demás y construye el primer estado imperial. Los japoneses adoptan la escritura china, el pensamiento budista se expande y se escribe el primer código de leyes.

La época Nara (710-784)

En el año 710, la ciudad de Nara se convierte en capital permanente y centro del poder imperial. Una mujer logra ser emperatriz en varias ocasiones. La época Nara es considerada como la edad de oro de la civilización japonesa, y la ciudad imperial es testimonio de ese período fastuoso por la riqueza de sus construcciones, templos, palacios y jardines.

La época Heian (784-1185)

En el 794, el emperador Kammu se instala en Heian-kyo (Kyoto), la nueva capital. La poderosa familia Fujiwara aumenta su influencia cerca de los emperadores y pronto controla el poder. En la corte, los nobles ricos se enfrentan. Para solucionar sus disputas, llaman a jefes guerreros que les son fieles. En 1185, uno de estos jefes, Minamoto, instaura un gobierno militar en Japón. En 1192, se le da a Minamoto el título de shogun, dando comienzo a la Edad media japonesa.

Una naturaleza explosiva

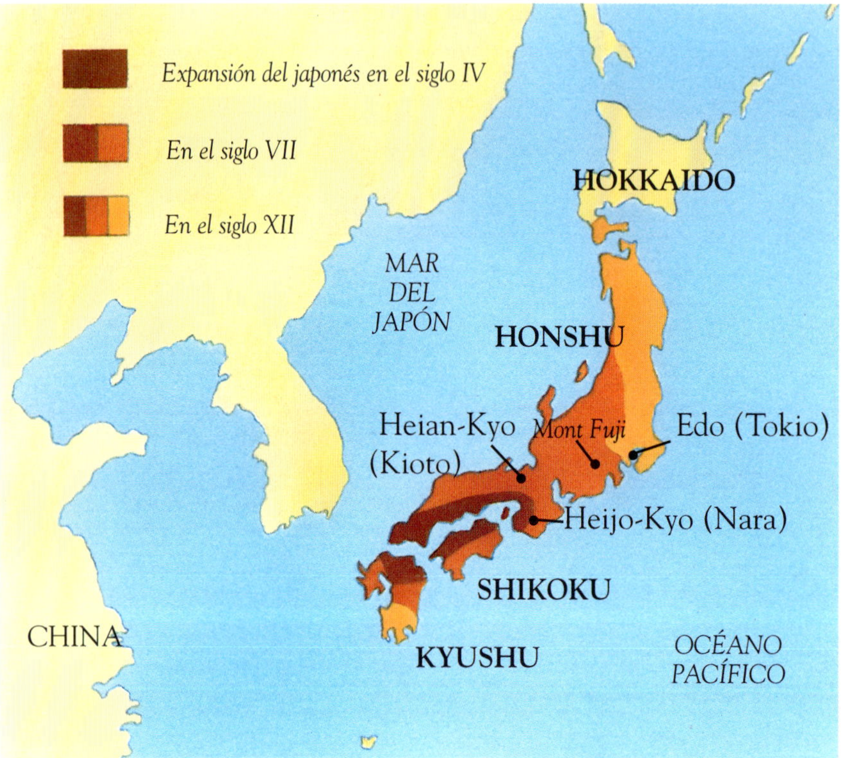

En el extremo este de Asia, el pequeño archipiélago japonés se enfrenta al océano Pacífico. Las islas Honshu, Hokaido, Shikoku y Kyushu son las cumbres de montañas submarinas.

El frío y el calor

Las montañas ocupan más de las tres cuartas partes del territorio. El monte Fuji domina el archipiélago con sus 3776 m. La mayor parte de los japoneses viven en el sur, en pequeñas llanuras costeras. Allí, los inviernos son suaves, y los veranos cálidos y lluviosos. En cambio, borrascas de nieve y un viento glaciar barre el norte del país la mayor parte del año.

Una naturaleza difícil

Los japoneses están a merced de una naturaleza caprichosa y peligrosa. Las montañas volcánicas amenazan con escupir fuego en todo momento. No pasa ningún día sin que la tierra tiemble con más o menos fuerza. A veces, una ola gigantesca, una tsunami, devasta las costas japonesas. Sin contar los tifones, los alzamientos súbitos del nivel del agua, los movimientos de tierra...

Paz y tranquilidad

El japonés ama la naturaleza cuando está tranquila e inofensiva. Pintores y poetas ensalzan el mar tranquilo que rodea las islas de Honshu, Kyushu y Shikoku, las aguas brumosas de los lagos de montaña, las siluetas de los árboles del bosque...

El Fuji-Yama

La voz de los dioses

En el Japón antiguo, existen dos religiones. El sintoísmo, la "voz de los dioses", es un conjunto de creencias muy antiguas. En el siglo VII después de JC. aparece el budismo, la "voz de Buda".

¿Quiénes son los dioses japoneses?

El japonés cree en una multitud de seres superiores: los kami. Los espíritus de los kami pueden vivir en los árboles, los ríos, los lagos, las montañas... Cada clan honra también a su antepasado más lejano como una divinidad. Así, el clan imperial pretende descender de Amaterasu, la diosa del sol.

¿Cómo venerar a estas divinidades?

Los japoneses acuden al santuario sintoísta. Cada santuario alberga un objeto, a menudo un sable o un espejo, que simbolizan un dios. Para presentarse ante una divinidad, es necesaria una pureza física y moral. Por lo tanto, el fiel se lava las manos y se enjuaga la boca. Después toca la campanilla para hacer huir a los malos espíritus. Antes de inclinarse y marcharse deposita sus ofrendas.

El budismo japonés

En el año 538, monjes coreanos introducen las creencias budistas en el archipiélago. Desde finales del siglo VI, el budismo se convierte en la religión de la corte y de los ricos. Los emperadores embellecen su capital con pagodas: pabellones sagrados que albergan estatuas de Buda.

Miroku Bosatsu, Buda del porvenir.

Chicas y chicos del imperio

Primera llegada del niño al templo sintoísta. Tras esta ceremonia, es presentado a su diosa protectora.

Para los japoneses, el hecho de tener hijos asegura la continuidad del clan. Una tradición simboliza esta idea: cuando viven juntas cuatro generaciones, los habitantes de la aldea les hacen cruzar un puente sobre un río; es una manera de traer suerte a toda la comunidad.

El nacimiento

Poco antes de la llegada del hijo, los familiares de la futura madre organizan una fiesta que, según la tradición, debe facilitar el parto. A los 7 días, el recién nacido recibe su nombre. A final de mes, sus padres lo llevan al templo y lo presentan a una divinidad protectora. La emperatriz da a luz fuera de palacio para no ensuciarlo de sangre. La visita que hace al emperador con su hijo es una de las pocas ocasiones en las que sale de su retiro.

Un hijo a cualquier precio

El nacimiento de un varón siempre produce más alegría que el de una hembra. El primogénito es el heredero del clan y el encargado de honrar a los antepasados de la familia. Si los padres sólo tienen hembras, adoptan a un adolescente que ocupará el lugar del primogénito.

¿Qué escuela?

Hacia los 5 ó 6 años, los niños aprenden a leer. Las escuelas de los templos budistas acogen a los hijos de las familias ricas o pobres sin distinción. Las escuelas del gobierno forman futuros funcionarios.

Un emperador y sus hijos.

La corte en la época Heian

Bordeada por dos ríos, la capital, Heian-kyo, está situada al pie de una colina. Las calles tienen un trazado rectilíneo y la avenida central, "el pájaro rojo", conduce hasta las puertas de palacio, donde viven el emperador y su corte.

Tras los muros de palacio

Los dignatarios que visitan el palacio entran a pie, abandonando sus coches fuera del recinto.
Las ceremonias públicas tienen lugar en el gran pabellón de "la Estrella Polar", el Shishinden.
Cuando el emperador se desplaza, todos los funcionarios del palacio lo saludan al pasar formando filas perfectas.
Pero el emperador y sus esposas viven en el pabellón "de la Pureza y el Frescor, el Seiryoden.

Las casas de los nobles

Situadas fuera del palacio, se componen de pequeños pabellones unidos mediante pasillos.
Los muebles y los objetos son escasos: esterillas, cojines, mesas bajas, cofres de madera lacada, lámparas de aceite... Sentados en taburetes o arrodillados, los nobles pasan mucho tiempo escribiendo, tocando la cítara, jugando al go (juego de tablero) y discutiendo.

Distracciones de la corte

Los nobles rivalizan en concursos de poesía, paisajes en miniatura, ramilletes de crisantemos, perfumes o pinturas. Además de concursos, animan la corte diversas manifestaciones religiosas y representaciones de ballet o canto.
Las mujeres deben mostrarse siempre muy discretas.

Mujer japonesa en la corte.

Japón y China

Antiguos lazos unen Japón a sus vecinos asiáticos. Los japoneses han aprendido mucho de los chinos, pero poco a poco han sabido apartarse de este modelo.

Lazos con Corea

En el siglo III después de JC., jinetes arqueros procedentes de Corea invaden Japón y se convierten en los señores de este pueblo de agricultores vencidos. Con ellos traen sus creencias sintoístas, sus leyendas, sus conocimientos técnicos, su organización social... que habían copiado del modelo chino.

¿Qué decir de China?

Los japoneses envían embajadas oficiales a China en numerosas ocasiones. Centenares de hombres se embarcan en naves que vuelven cargadas de perfumes, balas de seda, libros... También traen las ideas de Confucio y conocimientos de medicina.

Un monje obstinado

Ganjin enseña el budismo en su país, China. Cuando religiosos japoneses lo invitan a que enseñe en Japón, él acepta. Pero la travesía es peligrosa. Los piratas y los tifones le impiden cinco veces llegar a Japón. En el 754, Ganjin llega por fin a Nara con 24 discípulos y artesanos. Aunque débil y ciego, funda una secta budista.

El monje budista Ganjin (688-763).

Gracias a rodillos de papel (ver arriba) los japoneses importan de China textos con los que y adquieren numerosos conocimientos.

Shogunes y samurais

A finales del siglo XII, la autoridad del emperador se debilita. Grandes familias se hacen la guerra para apoderarse del poder. Empieza un largo periodo feudal de siete siglos, durante el cual Japón está en manos de los shogunes, los señores de la guerra, y de sus caballeros, los samurais.

El poder de los shogunes

En 1192, Yoritomo, jefe del clan Minamoto, resulta vencedor en las guerras y toma el título de "shogun" o "general en jefe". Establece su cuartel militar general en Kamakura. Desde allí gobierna con autoridad en nombre del emperador, que permanece en su palacio de Kioto. Se rodea de guerreros obedientes y valerosos a los que impone un duro código de honor: el bushido.

¿Quiénes son los samurais?

El shogun da el título de samurai a sus caballeros más valientes y más fieles. Los samurais manejan las armas con destreza. Para liberarse del miedo al combate, algunos practican una meditación budista: el zen. Su orgullo los incita a suicidarse antes de ser derrotados y conservar la vida. Entonces se abren el estómago con su sable corto.

Los kamikaze

En 1274 y 1281, los mongoles dejan el continente asiático para lanzarse a la conquista del archipiélago japonés. Pero sus barcos se hunden debido a los tifones. Estas espantosas tormentas se deben a vientos divinos: los "kamikaze". Gracias a esta ayuda llegada del cielo, los samurais y sus soldados expulsan a los invasores.

La India antigua

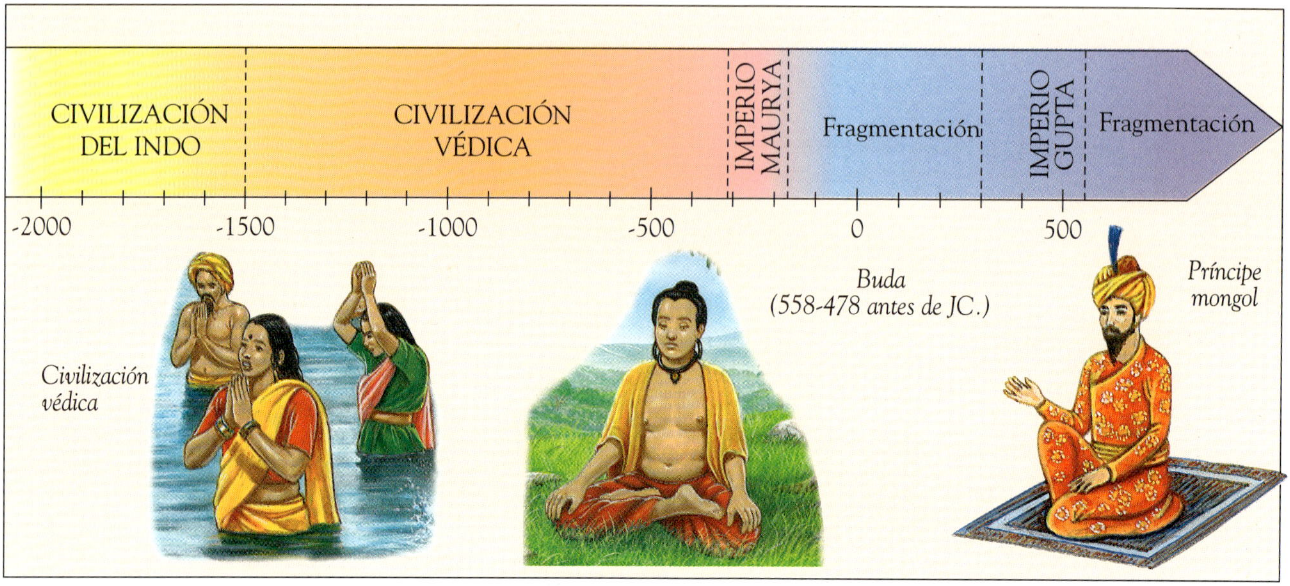

Desde el IIIº milenio antes de JC., los habitantes del valle del Indo construyen verdaderas ciudades. Su brillante civilización desaparece con la llegada de los arios, nómadas indoeuropeos llegados de Asia central hacia el 1500 antes de JC. La mezcla de sus tradiciones con las de los pueblos locales da nacimiento a la civilización védica (de Veda, los textos sagrados). Es el origen de la cultura india, incluido su idioma, el sánscrito, la religión hindú y el sistema de castas (ver p. 90).

El imperio Maurya (320-185 antes de JC.)

En el siglo IV antes de JC., los guerreros indios mauryas rechazan a las tropas de Alejandro Magno.
Los mauryas fundan un imperio y se rodean de un servicio de espionaje muy eficaz. Ashoka (274-232 antes de JC.) es el soberano más importante de la dinastía. Sus actos son guiados por ideas búdicas de sabiduría, justicia y rechazo de la violencia. Hace grabar por toda India, en columnas o piedras, las leyes que todos los súbditos deben respetar.

Un imperio dividido y frágil

Durante los siglos que siguen al imperio de los mauryas, India está casi siempre dividida en pequeños reinos enfrentados. También sufre la dominación de varios invasores: primero, los escitas de Asia central; después, los kushana del norte de China.
A partir de 1526, los mogoles, dinastía musulmana de origen turco, fundan un imperio que gobierna la India cerca de dos siglos. Durante este periodo de dominación musulmana, muchos templos hindúes son destruidos.

Entre océano y montañas

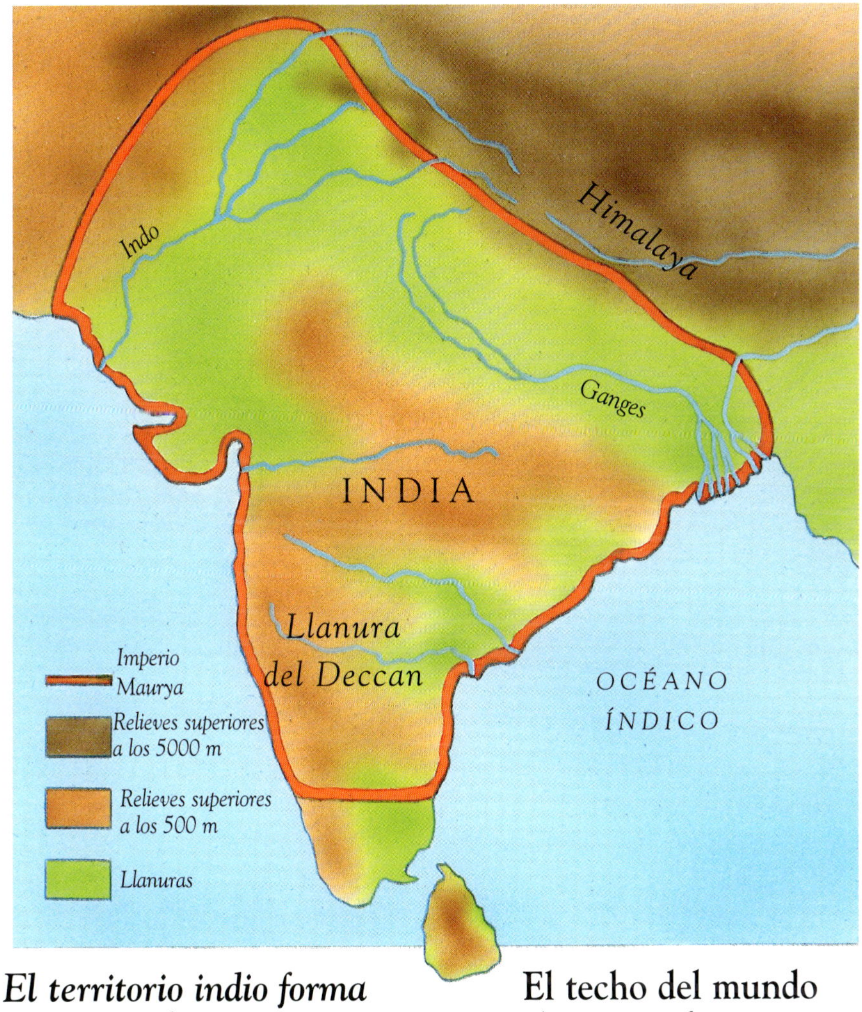

El territorio indio forma un triángulo que penetra en el océano Índico. Al norte, la alta cadena del Himalaya constituye una barrera natural. Al sur, la inmensa llanura de Deccan sufre las consecuencias de los monzones.

El techo del mundo

"Himalaya" significa en sánscrito (el antiguo idioma de la civilización hindú) "morada de la nieve". Esta cadena de montañas, que culminan a los 8848 m, es la más alta del mundo. Los indios cuentan que Vaisravana, el dios hindú de la riqueza, habría escondido allí sus tesoros. En esta montaña nacen los grandes ríos hindúes. el Indo y el Ganges.

El Ganges, "la madre de la India"

Es un río sagrado que los hindúes veneran. En sus aguas se dispersan las cenizas de los difuntos o se bañan en él para purificarse. Las tierras que bordean el gran río son las más fértiles de toda la India. Los agricultores cosechan arroz, trigo y mijo.

¿Qué son los monzones?

Los monzones de verano son vientos llegados del océano Índico. Al desplazarse hacia el norte se cargan de humedad. A partir del mes de junio, los campesinos los esperan con impaciencia, porque traen lluvias torrenciales. ¡La tierra reseca por fin puede beber! Pero todos los años causan inundaciones catastróficas.

La selva

Los bosques, "jangla" en hindú, cubren gran parte del territorio de la antigua India. Los indios se adentran en la selva para cazar tigres, leones, rinocerontes, monos, serpientes, búfalos, elefantes...

El hinduismo

Los grandes ríos indios se veneran como divinidades. El Ganges, el más sagrado de todos, acoge a los hindúes que llegan para purificarse.

El hindú adora a miles de dioses. Cada uno a su manera intenta liberarse del peso del sufrimiento de la existencia. Hacen ofrendas en los templos, se purifican en las aguas del Ganges, meditan en posición de yoga...

¿Cuáles son las creencias hindúes?

El hinduismo enseña que el alma no muere. Después de la muerte, emigra a otro cuerpo recién nacido: es la reencarnación. Una vida de bondad y pureza lleva a ser reencarnado en una persona de rango superior. Todos esperan alcanzar la perfección tras varias vidas, fundirse con el universo y así conseguir la paz eterna.

¿Qué son los vedas?

Son los textos más antiguos que fundan el hinduismo y que estudian los brahmanes (sacerdotes). Presentan los dioses de la época védica. El Mahabharata es un poema de 200000 versos, que narra la historia de las tribus de las riberas del Ganges. Incluye las reglas morales y los deberes de cada casta.

¿Por qué la vaca es un animal sagrado?

Es considerada como la encarnación de todas las divinidades. Alimentarla es un acto religioso; comer su carne, un acto sacrílego. Para purificarse se absorbe una bebida hecha con su leche, su estiércol y su orina.

¿Quién es Buda?

En el siglo VI antes de JC., en un pueblo del corazón de la selva, un hombre se sienta bajo una higuera. Allí, en silencio, medita con las manos en los muslos. Parece imperturbable, hasta que...

¿Quién es Buda?
Su verdadero nombre es Gautama. Nace en una familia rica. A los 29 años parece tenerlo todo para ser feliz: está casado, tiene un hijo y maneja el arco y las flechas con habilidad. Pero hay preguntas que lo inquietan: ¿qué es la vida? ¿Por qué el sufrimiento? ¿Por qué la muerte? Lo abandona todo para llevar una vida errante y solitaria. Interroga a los sabios hindúes con los que se cruza. Pero sus respuestas no le satisfacen.

La iluminación
Tras algunos años abandona esta búsqueda vana y agotadora. Se detiene bajo una higuera y decide no dejar el lugar hasta que encuentre la verdad. Tras muchas semanas meditando, tiene una iluminación: comprende porqué sufre el hombre. Se ha convertido en "el renacido", término que se traduce por "buda".

¿Cuál es la verdad?
Buda comprendió que los hombres sufren porque buscan una felicidad inaccesible. La muerte no los libra porque se reencarnan. Buda enseña que es necesario llevar una vida de bondad, caridad y dulzura para alcanzar el Nirvana, la Sabiduría Suprema, y entonces fundirse con el universo.

La "stupa" es un monumento sagrado levantado en honor de Buda.

Un sistema de castas

Un brahmán

Un mercader de especias

Cuando los arios, de piel clara, se establecen en el norte de la India, consideran que los dravidianos, de piel más oscura, son inferiores. La sociedad que nace de este encuentro se divide en grupos (castas) de distinta condición y que sobreviven en el siglo XX.

Las distintas castas

Los textos religiosos hindúes dividen la sociedad en 4 grupos principales. La casta más alta, la de los brahmanes (sacerdotes), se considera la más pura; después viene la de los guerreros: los khatriya. Los vaishya son campesinos y comerciantes. Y por fin, quedan los shudra, siervos que deben obedecer a los 3 primeros grupos. Con el tiempo aparecieron centenares de subcastas.

¿Qué está prohibido?

Cada uno pertenece toda la vida a la casta en la que ha nacido. Debe cumplir los deberes religiosos de esta casta. La comida no puede ser ofrecida por un hombre de una casta inferior o ser compartida con él. Casarse con una mujer o un hombre de una casta inferior a la propia te hace impuro. A partir del siglo X, estas reglas son muy respetadas.

¿Quiénes son los intocables?

Son considerados impuros y viven apartados de otros grupos. Ejercen profesiones relacionadas con la violencia o la muerte: incineran a los muertos, son verdugos, cazadores...

Un intocable disponiéndose a incinerar un muerto.

Crecer en la antigua India

En el momento de la ceremonia del "upanayana", se pasa un sagrado cordón de algodón por los hombros del joven. Para él, es como un segundo nacimiento.

Los niños indios viven días tranquilos durante los primeros años de su vida, rodeados de cariño. Pero, muy rápidamente, varón o hembra, rico o pobre, toman el lugar que la sociedad les ha reservado según la casta a la que pertenezcan.

El nacimiento

Antes incluso de que la mujer esté embarazada, los futuros padres respetan las costumbres que deben favorecer la llegada del hijo. Después, múltiples ceremonias acompañarán la evolución del niño: cuando se le corta el cordón umbilical; cuando recibe su nombre, 10 días después de nacer; durante la primera salida del sol; en el momento del destete... Entre su primer y su tercer año, es rapado. Es una época importante que debe darle una vida feliz.

La educación

Los niños más pobres trabajan para ayudar a sus padres. Chicos y chicas de las castas más altas aprenden a leer y escribir desde los 4 ó 5 años. Pero, mientras las muchachas se instruyen en su casa, los muchachos reciben su enseñanza de un maestro brahmán del exterior.

¿Qué iniciación?

Cuando tiene entre 8 y 13 años, el joven hindú de casta alta recibe la iniciación, llamada "upanayana" (a la izquierda). Es una ceremonia importante, tras la que el niño puede aprender los textos sagrados, la música, el manejo de las armas y el respeto por los ritos religiosos.

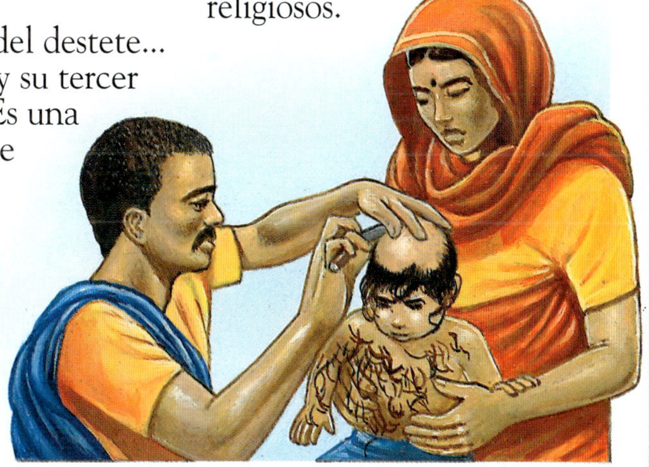

La India y el mundo

Los indios no son ni grandes viajeros ni grandes marineros. Sus creencias y su estilo de vida los incitan a no abandonar su tierra. No obstante, gracias a los visitantes extranjeros, su cultura se conoce desde extremo oriente al mundo romano.

La presencia india en Roma

India está presente en Roma a través de costosas importaciones: especias, perfumes, piedras preciosas, finas telas, animales para los juegos del circo. Algunas palabras en sánscrito pasan a la etimología latina y revelan estos intercambios: así, pimienta, que se dice "pippali" en sánscrito, se convierte en "piper" en latín.

En las costas de la península Arábiga

Algunos barcos mercantes indios navegan hasta el mar Rojo, pero es más usual que sean los comerciantes árabes los que viajen hasta la India. Traerán a occidente los números llamados "árabes" (especialmente el cero), así como conocimientos de medicina, cirugía, astronomía...

Los chinos llegan a la India

En el siglo V, monjes budistas chinos llegan a la India para completar su conocimiento de la vida de Buda y sus enseñanzas. Visitan los santos lugares y pernoctan en monasterios budistas. Vuelven a su país cargados de textos religiosos, estatuas y reliquias. Después del siglo VII, el destino de la India continua ligado al de los invasores extranjeros atraídos por sus riquezas. El país se verá perturbado por la llegada de los musulmanes.

Los templos hindúes

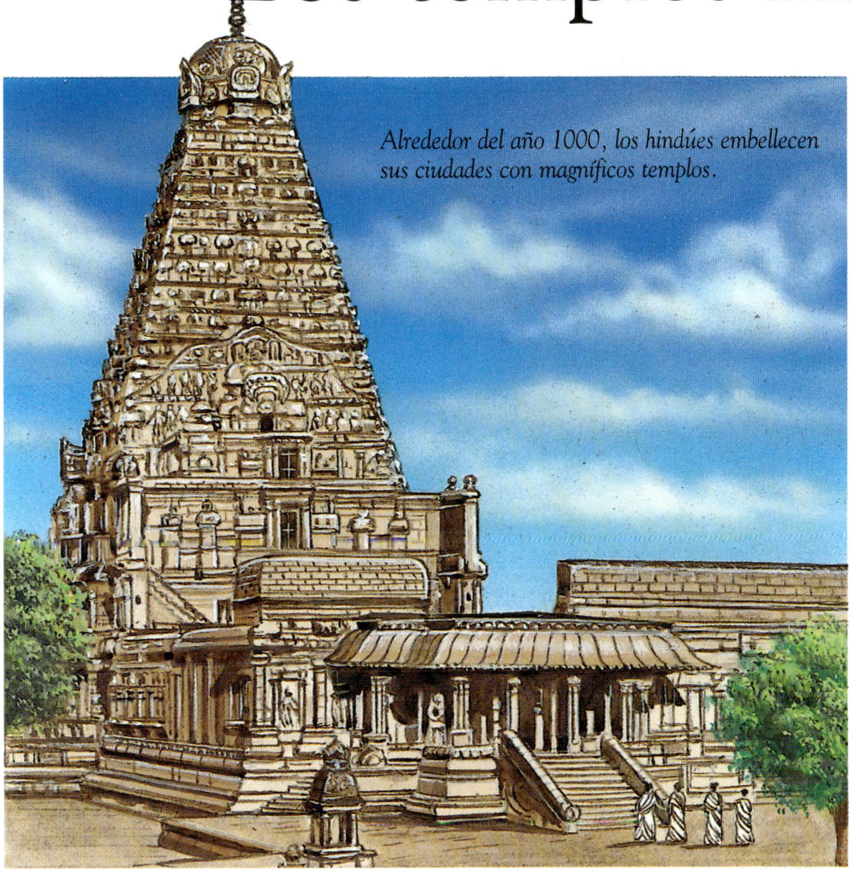

Alrededor del año 1000, los hindúes embellecen sus ciudades con magníficos templos.

A partir del siglo VIII antes de JC., junto a antiguos santuarios hindúes edificados en madera, se construyen majestuosos templos de ladrillo o piedra. A menudo están dedicados a Shiva o a Vishnú.

Los templos

En el centro del santuario, una pequeña estancia llamada "cella" encierra la imagen de un dios. Éste tiene generalmente forma humana, tallada en piedra o madera, o moldeada en arcilla... Con el paso de los siglos, se construyen templos cada vez más altos e imponentes que evocan el Himalaya, la montaña sagrada.

Las grandes festividades

Varias veces al año se celebran conmemoraciones: se festeja un acontecimiento histórico de un dios o el aniversario del templo. En esta ocasión, una estatua de bronce representando al dios se pasea hasta un río. Es el único momento en que los fieles de las castas inferiores pueden acercarse a él, porque la entrada a los templos les está prohibida a estos seres impuros. En un acto de comunión, se bañan al mismo tiempo que su dios para purificarse.

Los templos se decoran con abundantes esculturas en relieve, que ilustran escenas religiosas o leyendas sobre el dios. Ayudan a los hindúes a meditar.

La civilización maya

Los mayas vivieron en Centroamérica. Allí fundaron estados independientes. Su excepcional conocimiento sobre astronomía y aritmética les fue transmitido por los olmecas, una civilización más antigua todavía.

El período preclásico (650 antes de JC.-250 d. JC.)

La civilización maya se desarrolla en la costa del Pacífico y en las altas tierras volcánicas de la actual Guatemala. Gracias a su fértil suelo y al clima atemperado, sus cultivos crecen bien en las laderas de las montañas, distribuidos en terrazas.

Los mayas construyen ciudades, dominadas por pirámides. Extienden su civilización al norte por la selva tropical de Petén, y después por la seca llanura de Yucatán.

El periodo clásico (250 800)

El arte y la arquitectura están en su apogeo. Las ciudades mayas jamás han sido tan bellas y tan ricas. Esta riqueza beneficia sobre todo a los sacerdotes, a los reyes de las ciudades y a la nobleza.

El declive (s. IX-XVI)

En el siglo IX, algunas ciudades se abandonan. En el siglo X, los mayas viven bajo la sombra de pueblos más poderoso que ellos, como los toltecas. Las pirámides y los templos se desploman en ruinas. Pero la memoria del pueblo maya sobrevive gracias a las tradiciones conservadas por los campesinos.

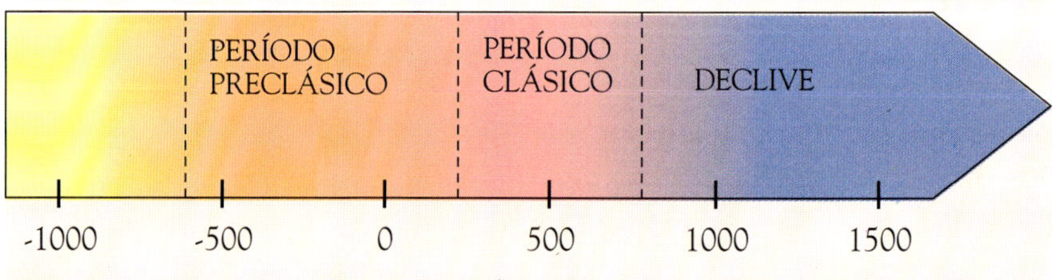

Tikal, la ciudad de la selva

La gran pirámide de Tikal.

En el siglo VIII, en el corazón de la selva tropical de Petén, allí donde los hombres han desbrozado, se alza la ciudad maya, monumental y multicolor de Tikal. La cúspide de sus pirámides sobrepasa la cumbre de los árboles.

Visita guiada

¡Situada en el centro de Tikal, la pirámide principal llega a los 70 m, es la más alta de las pirámides mayas! En su cúspide se halla un pequeño santuario donde los sacerdotes ayunan y se purifican antes de las ceremonias. Todo el entorno está lleno de templos, palacios, un campo para jugar a pelota y una plaza enorme rodeada de terrazas. Al pie de las estelas y los altares dispuestos aquí y allá es donde los sacerdotes celebran los rituales.

Un centro religioso

Sólo los sacerdotes y los nobles residen permanentemente en el centro de la ciudad. Cerca de allí, el pueblo vive en simples chozas. Asiste con la familia a las grandes ceremonias religiosas. En esos días, el rey se pone sus joyas y los sacerdotes llevan trajes de colores deslumbrantes, decorados con plumas de aves raras como el quetzal.

¿Por qué han desaparecido estas ciudades?

En el siglo IX, los edificios religiosos y las moradas reales son abandonados. En pocas décadas, los monumentos desaparecen bajo una espesa vegetación. Se han propuesto numerosas explicaciones: un terremoto, una epidemia, una invasión, el hambre. Es probable que los campesinos se rebelasen contra sus jefes políticos y religiosos, y los obligasen a huir.

Las prácticas religiosas

El juego de pelota (izquierda)

Una extraña fiesta religiosa reúne dos equipos de jugadores en el terreno. El juego consiste en hacer pasar una pesada pelota de caucho por un anillo de piedra. No se puede tocar la pelota con las manos o los pies. Sólo se permiten los hombros, las rodillas y las caderas. El partido es violento y los choques abundan. ¡El capitán del equipo perdedor será sacrificado! Da su sangre con orgullo para el bien de dioses y hombres.

Los mayas, como los aztecas, piensan que los dioses ya han destruido el mundo varias veces. Para que no vuelva a pasar, intentan satisfacer los deseos de las divinidades mediante ofrendas y sacrificios.

Los dioses

Los mayas creen en dioses que encarnan elementos de la naturaleza como el sol, la lluvia, el maíz... Se cuenta que el Sol y la Luna habrían sido los primeros en habitar la Tierra. Tenían frecuentes disputas. Si la Luna brilla menos que el Sol, es porque éste le arrancó un ojo para castigarla por haberle sido infiel.

¿Quiénes son los chacs?

Son divinidades que envían la lluvia al agitar enormes calabazas llenas de agua. ¡Si vertieran su contenido de golpe provocarían un verdadero diluvio! Cuando están encolerizados, se contentan con enviar granizo y provocar tormentas.

La diosa lunar.

La vida de los campesinos

El trabajo de las mujeres

Todos los días aplastan granos de maíz sobre una muela con la ayuda de una piedra grande. Después vierten un poco de agua sobre la harina obtenida y preparan una torta: la "tortilla". Tejen durante horas fabricando capas, túnicas y mantas.

Los niños

Primero juegan junto a las mujeres, después los chicos seguirán a su padre hasta los campos. En cuanto a las chicas, aprenden muy pronto a hilar algodón como su madre. Sólo los niños privilegiados van a la escuela.

La agricultura es la principal actividad de los mayas. La tierra se respeta como si fuera una divinidad. Saben que su supervivencia depende de su generosidad.

El maíz, planta sagrada

Hay que desbrozar el bosque, construir terrazas cuando la pendiente es demasiado pronunciada, quemar los tocones de árbol para sembrar por fin el maíz. La víspera de la cosecha se ayuna. Se dispersan granos en los extremos de los campos y se quema el incienso.
Así, los campesinos piden la protección de los dioses: consideran el maíz como un ser divino y le hacen numerosas ofrendas.

Las otras culturas

Cerca de su choza, los campesinos también cultivan judías, calabazas, yuca, patatas dulces, algodón, tabacoy cacao (¡sus habas sirven como moneda!).

La escritura y los números

La escritura maya se representa a menudo en piedras utilizadas en las ceremonias religiosas.

Los mayas dominan los números y la escritura, lo que les permite realizar cálculos complicados y anotarlos.

La escritura

Los mayas utilizan complicados dibujos de forma cuadrada, los glifos. Estos signos representan cosas, animales, dioses... Otros glifos más simples precisan adverbios, preposiciones... Los escribas combinan los glifos para formar frases cortas.

Lo que dicen los glifos

Ante todo, la escritura maya sirve para registrar el movimiento de las estrellas, anotar los datos, los nombres de los dioses y su poder, las predicciones de los sacerdotes... A veces narra la captura de un jefe por otro, un matrimonio, una muerte...

¿Dónde se encuentra?

Esta escritura sagrada se ha convertido en una ornamentación. Es esculpida en la piedra de las estelas, de los altares, de las escaleras... También se graban las joyas, las conchas, los huesos, incluso la pintura de la alfarería, de los techos de madera, de las paredes...

¡Maestros de los números!

Los mayas saben manejar los números muy bien, quizá mejor que la mayoría de las demás civilizaciones de su época. ¡Incluso pueden utilizar números que sobrepasen los mil millones! Les basta con tres símbolos: un punto señala la unidad, una barra significa cinco y un signo en forma de concha es igual a cero (ver abajo).

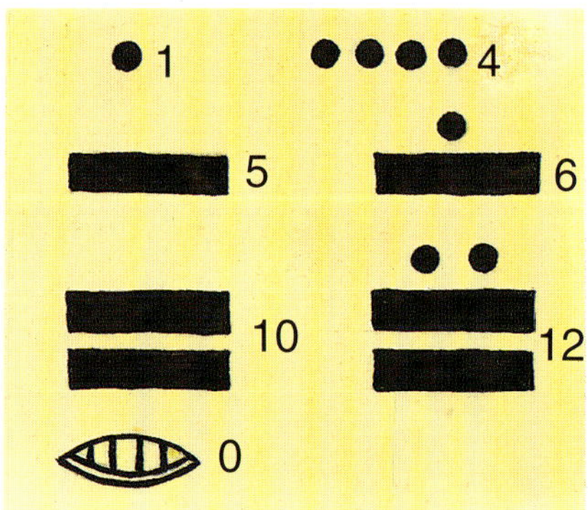

Las estrellas y el tiempo

Los mayas conceden mucha importancia al movimiento de las estrellas. Ya disponían de observatorios, como el de Chichen Itza (arriba).

Los mayas también son grandes astrónomos que, gracias a sus observaciones y a sus cálculos, pudieron establecer un calendario solar.

Ojos fijos en el cielo

Los astrónomos mayas escrutan el cielo con los ojos. Con el paso de los siglos, anotan los movimientos de estrellas como el Sol, la Luna o Venus. Pueden prever fechas o acontecimientos (eclipses, equinoccios)... que anuncian la llegada de un nuevo dios-jefe. De hecho, cada periodo de tiempo posee su propio dios, al que se le hacen ofrendas y sacrificios para conseguir su protección.

¿Desde dónde observan?

En la gran ciudad de Chichen Itza, han construido un verdadero observatorio para que los científicos (sacerdotes-astrónomos) observen mejor los planetas y la trayectoria de las estrellas para sus predicciones.

El calendario

Los científicos han establecido un calendario solar muy preciso. Dividen el tiempo en "kin" (días), "uinal" (mes de 20 días), "tun" (años) y "katun" (20 años). En cada nuevo "katun" se celebra una gran fiesta en honor de la divinidad que representa ese periodo. Se construyen edificios sobre los que se anotan las fechas con la ayuda de signos que representan la cabeza de perfil del dios-señor.

¿Quiénes son los aztecas?

La civilización azteca se ha desarrollado en el territorio de México actual (ver mapa en p. 94). Cuando fundan Tenochtitlan, su ciudad-capital, la civilización maya ya está extinguida. En menos de dos siglos, los aztecas construyen uno de los imperios más poderosos de la América precolombina.

Érase una vez una pobre tribu...

Hacia el año 1100, los aztecas, también llamados mexicas, dejan las regiones desérticas del noroeste de México. Vagan en busca de tierra más fértil. Agobiada por la pobreza, la pequeña tribu caza y pesca para sobrevivir. No obstante, los aztecas tienen fe en su dios Huitzilopochtli, que les guía y les ha anunciado un futuro mejor.

Nacimiento de una capital

Hacia el 1325, en el valle de México, los aztecas descubren un águila sobre un cacto devorando una serpiente (izquierda). Los sacerdotes lo interpretan como una señal divina. Allí, en un islote en medio de lagunas construyen sus chozas de cañas. La ciudad de Tenochtitlan ha nacido.

Nacimiento de un imperio

Como otras tribus, los aztecas se someten a los señores de la región, los tepanecas. Pero, en 1428, Tenochtitlan se alía con otras dos ciudades. Unidos, se liberan de la dominación tepaneca. Los aztecas aprovechan para ampliar su territorio. A principios del siglo XVI, el imperio azteca se extiende desde el Caribe hasta el océano Atlántico. Pero, en 1519, la llegada de los conquistadores españoles pone fin a este gran imperio.

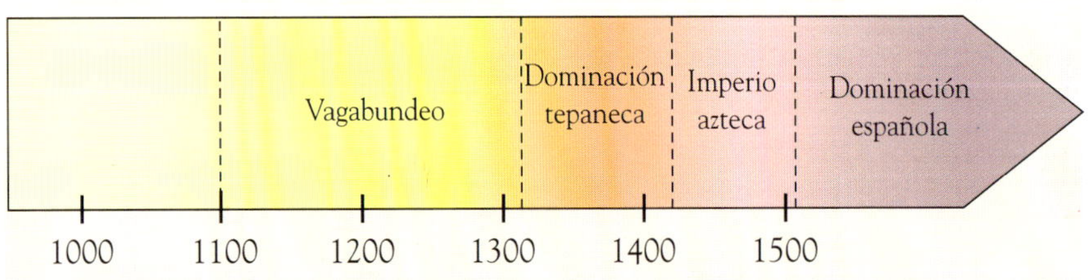

Los caprichos de los dioses

Para los aztecas, los sacrificios eran indispensables para atraer los favores de los dioses.

¡Para los aztecas, el mundo ya ha sido destruido cuatro veces! Los hombres intentan contentar a los dioses para retrasar el fin de este quinto mundo, que debe desaparecer por causa de un terremoto. Su mayor temor es que una mañana no salga el sol.

Los principales dioses
Quetzalcoatl o "La Serpiente Emplumada", el dios de los sacerdotes, es un antiguo dios tolteca. Ha dado a los hombres el maíz, la escritura, el calendario. Huitzilopochtli o "Colibrí de la izquierda" ha guiado a la tribu azteca durante la migración. Como dios del sol y de la guerra, es el más venerado. Tlaloc o "Tierra" es respetada y temida por los campesinos. Según su capricho, envía la lluvia beneficiosa o la devastadora tormenta.

El licor divino
Para los aztecas, los sacrificios humanos son indispensables para la supervivencia del universo. Alimentados por el licor divino que es la sangre humana, los dioses, satisfechos, retrasan el fin del mundo. Envían la lluvia, dan frutos los campos, protegen las cosechas... En las grandes celebraciones, se ejecutan víctimas durante varios días. En 1487, la sangre corre a raudales: ¡decenas de miles de prisioneros se sacrifican en la cumbre del gran templo!

¿Cómo se lleva a cabo un sacrificio?
La víctima sube las escaleras del templo entre el bullicio de canciones y danzas. En la cima, un sacerdote le abre el pecho de una cuchillada. Después le arranca el corazón palpitante y lo presenta al sol. Se le corta la cabeza. La sangre chorrea por las escaleras del templo. Así regado, el sol puede continuar su recorrido.

Extraños guerreros

Los aztecas son guerreros temibles. Hacen la guerra para conquistar nuevos territorios y capturar enemigos que serán ofrecidos en sacrificio al dios del sol y de la guerra: Huitzilopochtli.

¿Cómo se desarrolla una guerra?

En un primer momento, los aztecas intentan convencer a sus adversarios para que se sometan. Una y otra parte muestran buena voluntad: se hacen discursos, se intercambian regalos. Cuando un acuerdo es imposible, empiezan los combates.
Cada campamento se encomienda a su dios favorito. La victoria la obtiene el que consigue destruir el gran templo de la ciudad enemiga.

Convertirse en caballero-águila

Desde los 14 años, los jóvenes aztecas ayudan a sus mayores durante las batallas. Cuando capturan a su primer prisionero, le cortan un mechón de pelo. Los guerreros más veteranos y valientes se convierten en "caballeros-tigres" o "caballeros-águilas". También pueden combatir revestidos de una piel de tigre o con un casco en forma de águila.

Los vencidos

La mayoría de las ciudades conquistadas conservan sus leyes, sus dioses e incluso su rey. Pero pagan un fuerte tributo a los aztecas. Por eso afluyen hacia la capital azteca pieles de leopardo, escudos de oro, algodón, piedras preciosas, cacao y prisioneros.

El emperador y su pueblo

Del emperador al campesino, el lugar de cada individuo en la sociedad azteca depende de su origen... pero también de sus méritos.

El emperador

Los señores eligen a uno de ellos para ser emperador: “tlatoani". Eligen a un gran guerrero, sabio e inteligente, que haya ido a la escuela (“calmecac"). Desde ese momento nadie puede tocarle ni mirarle a la cara. Su ropa, hecha de plumas de aves raras le hacen parecer un dios. Se destruyen las plumas que ha llevado, así como la vajilla donde ha comido. Gobierna ayudado por un consejo, pero nadie puede oponerse a su voluntad.

¿Cómo convertirse en noble?

Los señores nacen en familias nobles. Pero algunos adquieren su título capturando muchos prisioneros en las batallas. Así, el simple campesino-soldado puede convertirse en "caballero-águila". ¡Se acabaron los impuestos y las prestaciones personales! El noble pasa su tiempo divirtiéndose: juega a las damas, caza, tira con arco...

Los espías del emperador

Los "pochteca" son ricos mercaderes que comercian en todo el imperio y más allá. Sus viajes son peligrosos, vuelven cargados de jade, algodón, pájaros exóticos, metales preciosos... El "pochteca" informa al emperador de las riquezas y de la población de su imperio. Para darles las gracias, les dispensa de prestaciones y combates.

Los niños

La vida de los niños aztecas se parece mucho a la de sus padres. Muy pronto, deben afrontar el trabajo, el dolor y el cansancio. La escuela les enseña a ser buenos ciudadanos.

Un futuro planificado

La madre acoge al recién nacido con ternura. Lo llama "mi pequeña pluma de quetzal". La mujer sabia pone en guardia al bebé masculino: “Eres un guerrero, has venido al mundo para dar de beber al sol con la sangre de tus enemigos y alimentar a la Tierra con sus cuerpos". Si es una chica, le explica que ella permanecerá "en casa, como el corazón en el cuerpo".

El trabajo diario

Los niños aprenden de sus padres las costumbres cotidianas. La muchacha prepara "tortillas", hila el algodón... Cuando crece, empieza a tejer. Fuera, el muchacho se dobla bajo el peso de la madera y de los juncos que trae de la laguna. Pesca en el lago a bordo de una barquita. Para castigar a los niños desobedientes, se tiran pimientos al fuego y se mantienen sus caras sobre el humo para que les piquen los ojos.

En la escuela

Todos los niños de Tenochtitlan tienen derecho a ser instruidos. Los niños del poblado van a la pequeña escuela de su barrio. Los chicos hacen mucho ejercicio militar para convertirse en buenos soldados. La universidad, situada en el santuario del templo, está reservada a los niños de los nobles. Forma a los futuros sacerdotes y altos funcionarios.

La soberbia Tenochtitlan

Ante su sorpresa, los españoles descubren a su llegada Tenochtitlan, una ciudad muy extensa.

En 1519, el español Cortés y sus soldados descubren, asombrados, el esplendor de esta ciudad. Construida en el centro de una inmensa laguna, forma un cuadrado de 3 km de lado, dominado por el gran templo. En 1521, los españoles destruyen este símbolo del poder azteca. En su lugar, construyen México.

La ciudad sobre el lago

Para llegar a Tenochtitlan atravesando la laguna, se podía recorrer uno de los cuatro diques que actúan como esclusas. Pequeñas embarcaciones cargadas de víveres y mercancías navegan por el lago y llegan a las puertas de la ciudad.

Canales, a veces bordeados de sauces y álamos, surcan la ciudad. Incluso pueden llegar hasta el palacio imperial. Puentes levadizos de madera cruzan esas calles de agua y unen las aceras.

Por las calles y los barrios...

La ciudad se divide en barrios y cada uno tiene su templo, sus escuelas, sus fiestas. Los artesanos se reagrupan por profesiones. Aquí, está la callejuela de los cazadores, donde se venden atrapamoscas, pájaros... Allá, la calle de los alfareros. Más lejos, la de los jardineros, perfumada de flores, frutas, miel, cebollas... En todas partes, las calles están bordeadas por jardines de las coloristas mansiones de los señores o las casitas de adobe de los campesinos.

El gran santuario

Este lugar importante está situado en el corazón de la ciudad. Su recinto alberga varios templos, un campo de pelota, el "calmecac"...

Los europeos desembarcan

Un magnífico tocado de plumas fue ofrecido por el emperador azteca al conquistador español Cortés.

El 8 de noviembre de 1519, a las puertas de Tenochtitlan, el emperador de los aztecas, Moctezuma, da la bienvenida a Hernán Cortés. Le ofrece un collar de perlas y piedras preciosas. Dos mundos se encuentran... Uno de ellos no sobrevivirá.

Los españoles vistos por los aztecas

Los aztecas acogen con estupor y temor a esas extrañas criaturas que tanto se desplazan sobre "montañas" (los barcos), como sobre inmensos ciervos (los caballos). Sus trajes no permiten ver más que un rostro muy blanco... ¡a veces rematado por una cabellera amarilla! Los aztecas creen ver a los dioses cuyas señales les habían anunciado la llegada.

Los aztecas vistos por los españoles

Como cristianos, los españoles se horrorizan por las prácticas religiosas de los aztecas. Para ellos, el demonio se ha apoderado de este pueblo que sacrifica seres humanos antes de devorar su carne. Pero éstos poseen una gran riqueza, oro, aunque parezcan preferir las plumas y el jade.

La caída del imperio

El encuentro de estos dos mundos deriva rápidamente en un enfrentamiento. Comprendiendo que no tienen que ver con los dioses, los aztecas se rebelan. Los españoles son muy pocos. Pero disponen del apoyo de miles de indios enemigos de los aztecas, como los tepanecas. Tras tres meses de feroz resistencia, Tenochtitlan cae en manos de los españoles el 13 de agosto de 1521. A partir de entonces, el antiguo imperio azteca pertenece al reino de España.

La historia de los incas

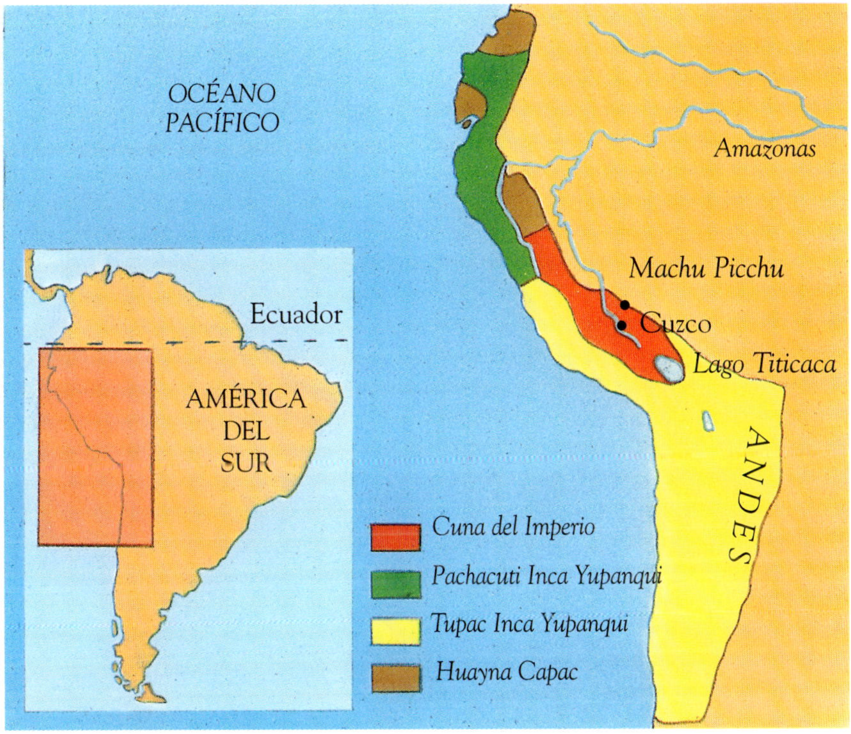

Los diferentes reinos del imperio inca.

El vasto imperio inca nace en el corazón de la cordillera de los Andes. Sus habitantes lo llaman Tahuantinsuyu, "El Imperio de las Cuatro Direcciones". Aunque los incas ignoran la escritura y el hierro, son expertos en el arte de administrar su inmenso territorio y de dirigir a los que han derrotado.

La tribu inca
Hacia el 1200, en el valle de Cuzco, la pequeña tribu seminómada de los incas impone su ley a los pueblos vecinos. ¡Dos siglos después, bajo el reinado de Huayna Capac (1493-1525), el imperio se extiende, de norte a sur, unos 4500 km! Cerca de un centenar de tribus obedecen al emperador.

Una parte de las tierras conquistadas sigue siendo propiedad de los campesinos. Pero éstos también deben cultivar una segunda parte de las tierras, cuyas cosechas se destinan al emperador; y una tercera, cuyas cosechas servirán para las ofrendas al dios del sol: Inti.

¿Cómo reinar sobre tan vasto imperio?
El emperador se muestra conciliador unas veces e implacable otras. Desplaza a miles de kilómetros a los súbditos que le son demasiado hostiles. Lejos de su región de origen, aceptan la voluntad del Inca. Para hacer que su voz llegue a todas partes, el emperador hace construir miles de kilómetros de caminos pavimentados. Mensajeros se relevan. ¡Un mensaje podía recorrer 700 km en 4 días!

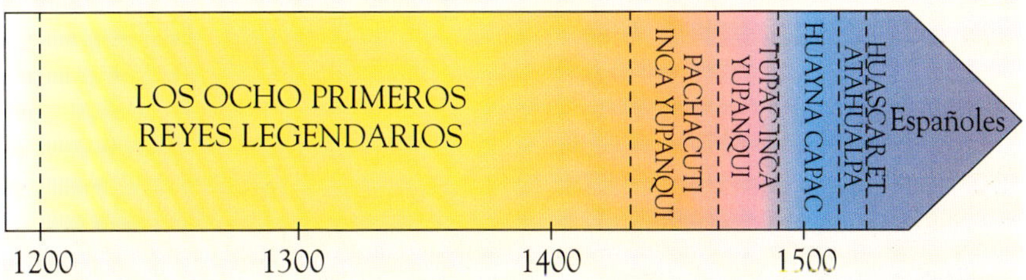

El Inca, emperador

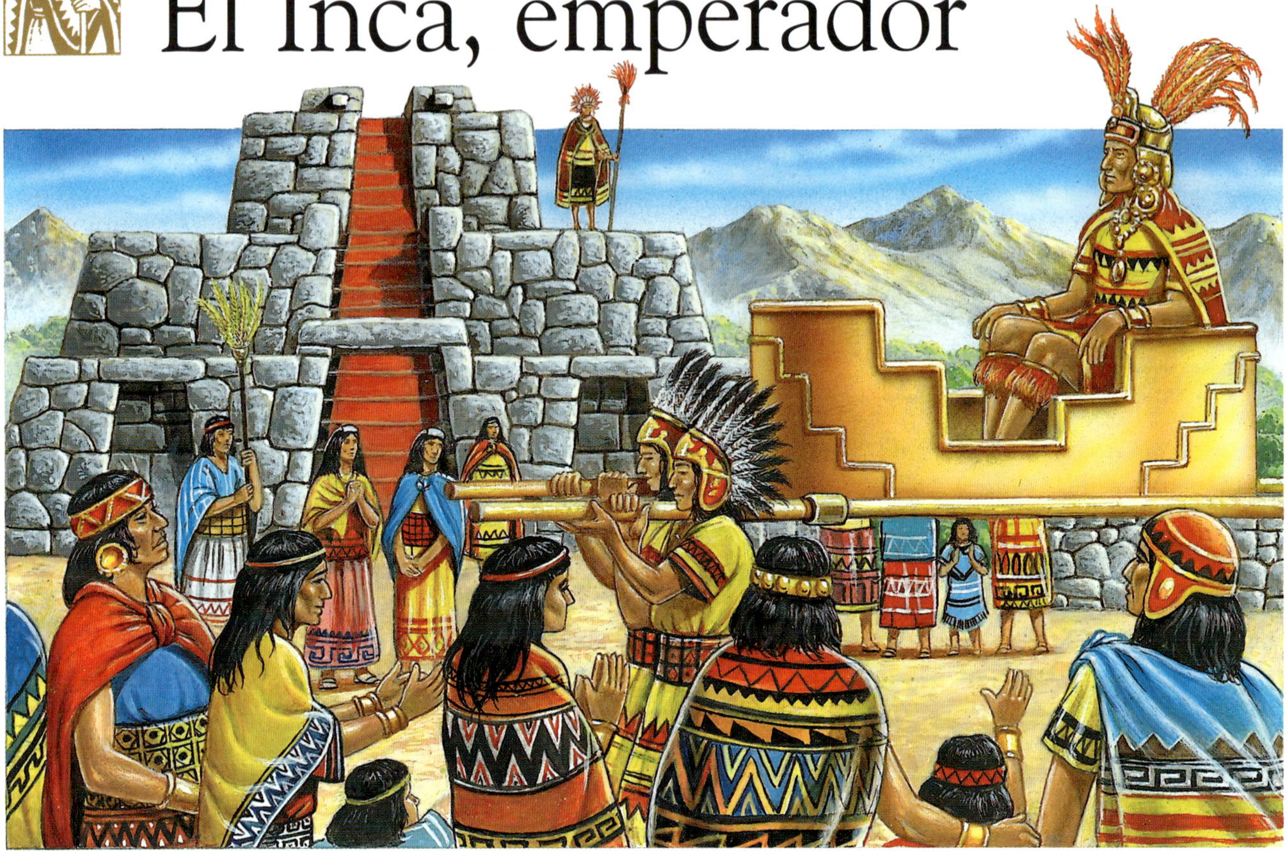

Trece emperadores incas se suceden de padre a hijo en el gobierno. Según la leyenda, Manco Capac fundó la dinastía en el siglo XIII. Pero el primer emperador histórico es Pachacuti Yupanqui (1438-1471). Él y sus sucesores construyen un imperio que parece indestructible.

Un personaje sagrado

El emperador, llamado "El Inca", es un semidiós. Su padre es el "Inti", el dios del sol... Para conservar la pureza de la tribu inca, se casa con su hermana que se convierte en la "coya", la reina. Pero también se rodea de las jóvenes más hermosas de la nobleza. ¡El emperador Atahualpa tendría 5000 concubinas! A su muerte,el cuerpo del emperador se embalsama. Se venera su momia como una divinidad.

Aspecto del emperador...

Aparece adornado con trajes muy coloreados y joyas. Su frente está ornada de una franja hecha de hilos de lana roja entrelazada de oro. Aros de oro brillan en sus orejas. Nadie puede tocarle. Nadie debe contemplar su rostro.

¿Qué poderes?

El Inca es el único dueño del imperio. Un gran número de funcionarios, de soldados y de sacerdotes aplican sus decisiones. Comanda el ejército, fija el importe del impuesto y decide qué trabajos deben emprenderse... Difunde el culto al sol por todo el Imperio y preside las grandes ceremonias.

Las creencias

Los "huacas" son espíritus que habitan en ciertos lugares: montañas, lagos… Se les honra dándoles ofrendas y sacrificios (a veces, llamas).

En la inmensidad de los Andes, los habitantes creen en los poderes divinos de los elementos naturales como el sol, las montañas, los ríos… A cambio de sus oraciones y sus ofrendas, esperan favores. También creen en la inmortalidad de las almas.

Los dioses principales

La mayor divinidad de los Incas es su antepasado Inti, el sol. También veneran a la luna, su hermana. Temen la cólera del dios del trueno que envía el granizo devastador, pero también las benéficas lluvias. Piden la protección de Viracocha, el dios creador de los hombres.
Los campesinos reservan un culto particular a Pacha Mama, la diosa tierra-madre que les hace vivir.

Respeto a la muerte

Los indios de los Andes rinden culto a sus antepasados. Creen que los muertos nacen de nuevo en el más allá. Mientras que las personas del pueblo son enterradas, los emperadores y los nobles son embalsamados. Su alma se reúne en el cielo con el mundo de los dioses. Su momia posee poderes de clarividencia y de curación.

Las momias en la fiesta

Cada año, en noviembre, las momias de los incas se pasean hasta palacio o hasta la gran plaza de Cuzco. Allí se sientan en un trono de oro y se les da de comer y beber como si estuvieran vivos. La fiesta continúa al son de las flautas y las panderetas.

Momia inca

Los campesinos de los Andes

La vida no es fácil en los Andes. Pero los campesinos, que creen descender todos del mismo antepasado, se ayudan diariamente, sobre todo para cultivar la tierra.

Ayuda mutua

La tierra pertenece a todos. El jefe del pueblo la reparte en lotes. Los lugareños empiezan por ocuparse juntos de las parcelas de los más ancianos, de los inválidos, de los huérfanos... Entonces, una tras otra, cada familia se beneficia del trabajo colectivo. La lana y la carne de los rebaños de alpacas y llamas también son compartidas de manera equitativa.

Cultivar en las pendientes abruptas

Las laderas escarpadas de las montañas andinas no descorazonan a los campesinos. Nivelan la tierra con herramientas de madera. Transportan piedras para construir pequeños muros. Así, con la única fuerza de sus brazos, crean una especie de escalera gigantesca. En estos

Los campesinos cavan con una herramienta adaptada: la "taclla".

bancales cultivan maíz, judías, patatas, la yuca.

En casa...

La mujer prepara la comida cerca del hogar. Se compone principalmente de "chuno", una pasta seca de patatas. Entonces, mientras teje la lana, mastica mucho tiempo granos de maíz que escupe en un recipiente. Añade agua allí y lo entierra todo. Mucho más tarde, cuando recupera la mezcla, se ha convertido en un alcohol muy fuerte: la "chicha".

Los incas jóvenes

¿Quiénes son los "aclla"?

Son chicas elegidas en los pueblos por los funcionarios del emperador. Una vez en la capital, el Inca recluta a centenares para su harén. Las que entran en el templo se convierten en las "vírgenes del sol", las aclla. Preparan las comidas de las ceremonias religiosas y tiñen las suntuosas telas de lana de vicuña que llevan el emperador y su familia (izquierda).

Los Incas dan a sus hijos una educación bastante dura. Temen criar seres débiles, incapaces de resistir una vida difícil y sufrida.

El recién nacido

La mujer da a luz sola. El bebé pasa sus primeros meses en una cuna de madera. A pesar de sus lágrimas, la madre no lo coge en brazos por miedo a convertirlo en un caprichoso.

Los muchachos

En todo el imperio, se hablan centenares de idiomas. Algunos niños van a la escuela para aprender a hablar la de los incas: el "quechua". Podrán ser funcionarios o mensajeros del emperador, por ejemplo. Pero, por regla general, los jóvenes campesinos se ocupan del cuidado de las llamas. Finales de diciembre: una ceremonia religiosa celebra el paso a la edad adulta de los hijos de los nobles, y al final tienen que escalar una montaña. Reciben las insignias de su estatus de guerrero y futuro jefe de familia: armas y un taparrabos.

Desde la infancia, el niño se lava con agua fría: hay que endurecer su cuerpo para convertirlo en un ser resistente.

Las ciudades incas

encontrado más esqueletos femeninos que masculinos. El Machu Picchu es típico de las ciudades andinas: pueblo de piedra con plazas y terrazas pequeñas, mientras que los espacios reservados a los cultivos se encuentran en el exterior.

Los puentes colgantes
Para franquear los barrancos y los ríos de esta región, que pueden ser peligrosos en el momento de las crecidas, los incas construyen puentes colgantes gracias a gruesas sogas trenzadas que permiten el paso a hombres, ganado y mercancías.

Los Incas son arquitectos atrevidos. Con la ayuda de instrumentos rudimentarios, convierten los valles más abruptos en terrazas cultivables. También construyen enormes fortalezas e instalan puentes colgantes por encima de ríos y precipicios andinos.

El Machu Picchu
La ciudad-fortaleza de Machu Picchu, situada a 2000 m de altitud sobre un pico rocoso, sigue siendo hoy día un misterio. Su construcción en un lugar tan difícil de acceder parece increíble. ¡Los bloques de piedra sobrepasan a veces los 7 m de altura! Están tallados y se ajustan con una precisión infinita. Por otro lado, parece que esta ciudad fue construida por mujeres, las "aclla", porque se han

La llegada de los europeos

Mientras que comerciaba en el Caribe, el conquistador Pizarro se entera de la existencia de un imperio situado en el corazón de la cordillera de los Andes. Se habla de que abunda el oro. En el año 1531, monta una expedición con 180 soldados.

El descubrimiento del imperio

Los españoles penetran en los Andes. Siguen la red de caminos pavimentados. Franquean los precipicios gracias a los puentes colgantes. Los españoles descubren un imperio muy organizado. Los indios superan sus primeros miedos y dan la bienvenida a los extranjeros.

La incomprensión

¿Qué quieren estos hombres blancos? Para averiguarlo, el emperador Atahualpa acepta encontrarse con su jefe. El Inca llega suntuosamente vestido. Se le entrega una Biblia: "La Palabra de Dios", le traducen. Atahualpa coge el libro y se lo lleva a la oreja. Pero no oye a ese dios y tira el objeto al suelo. Pizarro, furioso, da la señal de ataque. El estrépito de los arcabuces y la carga de los caballos asustan a los indios. ¡El intocable Inca es capturado!

El fin del último Inca

El emperador intenta comprar su libertad haciendo traer toneladas de oro y plata, de los que los españoles parecen ávidos. Pero Pizarro sospecha que el Inca prepara una rebelión y lo condena a muerte. El imperio desaparece con él.

Esculturas de oro que formaban parte de los tesoros del imperio

Los vikingos

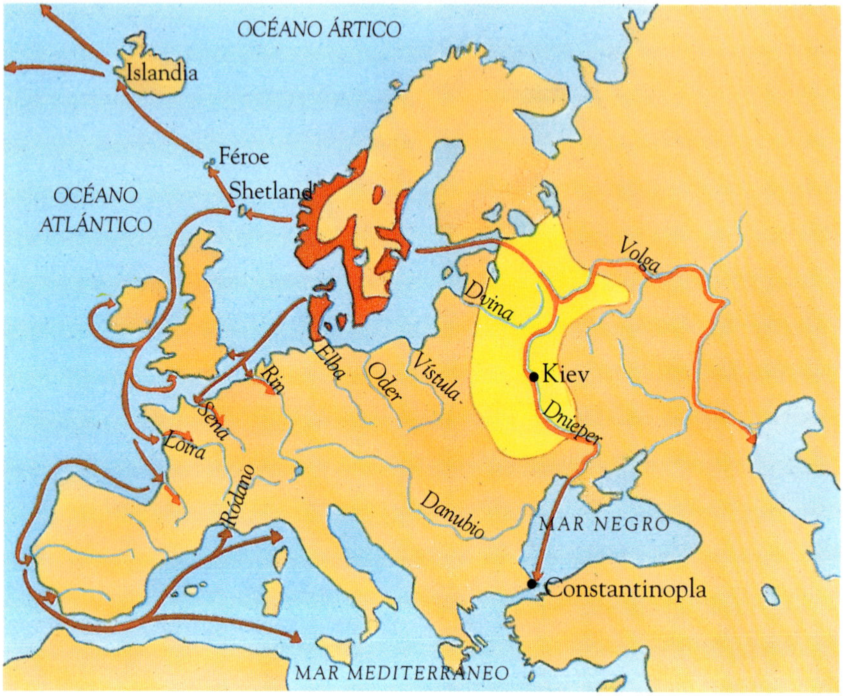

Situada al Norte de Europa, Escandinavia está poblada por daneses, noruegos y suecos. Son casi todos agricultores-ganaderos, tienen un idioma (el normánico) y una escritura (las runas) comunes. Entre el siglo VIII y finales del XI, surcan los mares en busca de fama y riqueza. Estos guerreros marinos son los vikingos.

Una tierra difícil

Las inmensas tierras escandinavas son en su mayor parte frías y poco fértiles. Los habitantes crían sobre todo ovejas. Los bosques, lagos, pantanos y montañas dejan poco lugar a los cultivos. Los escandinavos se vuelven hacia el mar. Pescan bacalao y cazan morsas y focas. Son excelentes marineros.

Las correrías

En el año 789, tres barcos noruegos atacan un pequeño puerto del sur de Inglaterra. Es el primer ataque vikingo. Durante todo el siglo IX, desde el mar del Norte al Mediterráneo, asaltan las ciudades costeras. Penetran en el interior, remontando el curso de los ríos. Después, sus barcos (los drakkars vikingos) vuelven a Escandinavia cargados con el botín.

Los vikingos se establecen

En el año 1100, las correrías terminan definitivamente. Los vikingos se mezclan con las poblaciones locales, a veces imponiéndose a ellas, como en Rusia. Otros pueblan tierras desiertas (como Islandia).

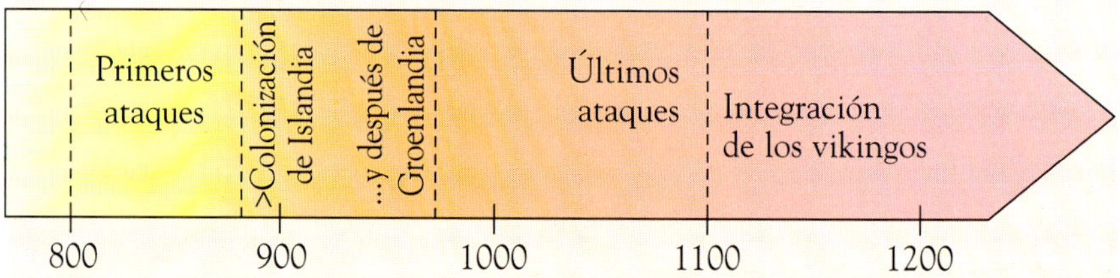

Grandes conquistadores

Que sean comerciantes, aventureros en busca de nuevas tierras o piratas marinos, los vikingos están presentes en toda Europa y más allá...

Por las vías del este

Estos conquistadores también son mercaderes. Remontan el Dnieper y el Volga con sus barcos grandes, pero ligeros y manejables, cargados de pieles, de miel y de esclavos. ¿Qué el río no es navegable? No importa. Los hombres llevan sus embarcaciones a tierra y las arrastran sobre troncos de madera. Los eslavos llaman "Rus" a estos aventureros del Norte. En el año 882, los "Rus" fundan el reino de Kiev: ha nacido Rusia.

El Atlántico norte

En el siglo IX, los vikingos descubren la existencia de tierra fértil situada en el norte de Escocia. Afrontando un mar desconocido, llegan a las costas de Islandia.

Más tarde, en el año 981, el vikingo Eric el Rojo llega a una tierra que bautiza Groenlandia, "Tierra Verde". Los vikingos habrían llegado hasta América.

Conquistar Europa

Los barcos vikingos suelen remontar el Rin y el Sena, y regresan cargados de dinero, joyas y reservas de comida. Atacan París en el año 885. Pronto, los pillajes se convierten en verdaderas conquistas. En el año 911, obtienen Normandia del rey de Francia.

Los guerreros de los mares

El ataque

Cuando la silueta de los drakkars se perfila en el horizonte, los habitantes de la costa tiemblan aterrorizados. Los hombres del norte, como se les llama, son temibles. Apenas se ha dado la alarma, los vikingos llegan a la playa y saltan de sus embarcaciones. Avanzan en formación cerrada, amenazantes, con sus escudos multicolores formando un muro impenetrable. En la batalla, lanzan una lluvia de mandobles, lanzazos y hachazos.

Buenos navegantes y guerreros terribles, los vikingos recorren los mares a bordo de sus drakkars y sólo se detienen allí donde hay riquezas: en los monasterios y las ciudades.

¿Por qué marcharse?

Las tierras en las que viven los vikingos son pobres y los cultivos son difíciles. Dejar sus poblados para conquistar otras más fértiles. Pero las expediciones también sirven para robar riquezas y tesoros a los pueblos conquistados.

Antes de hacerse a la mar y afrontar los peligros, los vikingos juran fidelidad a su jefe.

Navegando

A bordo, los guerreros deben remar e izar la vela mayor. El barco de fondo plano, cuya quilla está formada por tablas unidas, navega rápidamente sobre las olas. En cuanto el país extranjero está a la vista, los hombres fijan a la proa una temible cabeza de monstruo, a menudo la de un dragón. Asustará a los malos espíritus enemigos y así protegerá a los vikingos.

Las creencias

Los vikingos entierran a los muertos más ricos en barcos-tumba. A veces, señalizan la tumba mediante piedras colocadas en forma de barco.

Los escandinavos honran a sus dioses con oraciones y sacrificios que tienen lugar en plena naturaleza. También creen que existen seres maléficos con aspecto de gigantes, enanos y duendes (genios).

El gran combate

Para los vikingos, el mundo es escenario de una lucha entre dioses y monstruos gigantescos, las fuerzas del caos. Los hombres se enfrentan a la destrucción final: dioses y hombres se matarán entre ellos, mientras un nuevo mundo nacerá del antiguo.

¿Quiénes son los dioses?

El más poderoso es Odín, creador de los hombres y dios de los muertos, los poetas y los guerreros. Viejo y tuerto, conoce el destino de todos y es el preferido de la gente. Thor es el dios de la fertilidad: hace madurar las cosechas. Tiene un apetito de ogro y un carácter desagradable. Cuando está encolerizado, desde su carro tirado por machos cabríos lanza su martillo que cae sobre la tierra.

El más allá

Los vikingos creen que los muertos intervienen en el mundo de los vivos. Se les aparecen en sueños, envían señales o lanzan amenazas para vengarse. Los vikingos utilizan la magia para entrar en comunicación con sus antepasados.

Odín y Thor

La vida cotidiana

Cuando no parten para explorar mares y tierras lejanas, los vikingos viven en pequeños poblados. Son ganaderos, herreros, carpinteros, y llevan una vida tranquila siguiendo el ritmo de las estaciones.

En casa

Las casas de madera están a veces separadas por pequeñas cercas. El interior está mal iluminado porque generalmente no hay ventanas. Es el fuego, situado en el centro, el que ilumina, da calor y permite cocinar el pescado y las gachas de avena. Sentadas en bancos, las mujeres hilan lana, tejen túnicas y las indispensables mantas para la familia.

¿Qué ocurre durante el año?

En primavera, los hombres llevan el ganado a pastar. Aran la tierra, siembran cebada, centeno, avena. En las regiones más frías, atrapan a los pájaros y recogen sus huevos. En otoño, los propietarios recogen sus animales (ovejas, cabras, vacas, cerdos) para contarlos y encerrarlos durante el invierno. También se prepara la cerveza y se seca el bacalao antes de guardarlo en la despensa.

Deportes y banquetes

Los vikingos adoran los banquetes alegremente regados con alcohol. En invierno reman, se deslizan por los lagos helados o por las pendientes nevadas y luchan con las manos desnudas... Por la tarde, pasan las veladas jugando a los dados y contando sus hazañas.

Los niños

Los lazos que unen al niño vikingo con sus padres, sus hermanos y hermanas, y al resto de su familia son muy fuertes. Debe mostrarse digno y vengar el honor familiar si alguien lo insulta.

La llegada al mundo

Para decir que una mujer espera un hijo, los vikingos utilizan la expresión "no está sola". La madre da a luz en cuclillas o de rodillas. La comadrona asistente eleva al recién nacido hacia el cielo como si lo presentara a los dioses.

A veces, el padre rechaza al niño. Abandonado en la naturaleza, tiene pocas oportunidades para sobrevivir.

Un nombre para toda la vida

El vikingo no tiene apellidos: se llama "hijo o hija de". Su nombre es elegido con cuidado. A menudo evoca un dios o un animal. El nombre se completa generalmente con un apodo. Así, ciertos reyes vikingos se llaman Harald "el del diente azul", Sveinn "el de la barba ahorquillada", Erik "el del hacha sangrienta"...

La educación

No hay escuelas y pocos vikingos saben leer y escribir. Sin embargo, algunos jóvenes aprenden las letras (las runas) del alfabeto rúnico. ¡Para la mayoría, su instrucción consiste en aprender todos los nombres de varias generaciones de antepasados! También aprenden las actividades esenciales de su vida de guerrero: montar a caballo, nadar, manejar una espada...

Piedras grabadas narran las aventuras de los vikingos.

El reino de Benin

Antes del siglo VII después de JC., la historia del África negra es muy poco conocida. Es durante la época de nuestra Edad Media europea cuando se desarrollan estados gobernados por reyes. Se hallan en el sur del Sahara, en el corazón de las selvas tropicales, en torno a los grandes lagos. En el siglo XIX, ninguno de estos reinos resiste a la dominación europea.

Más allá del Sahara
Los pueblos de la frontera sur del Sahara comercian con los pueblos bereberes que viven en el norte de África. Desde tiempos remotos, la sal, la nuez de cola y sobre todo el oro, atraviesan el desierto a lomos de dromedarios. Entre los siglos V y XI, el reino de Ghana basa su riqueza en el comercio que controla. Pero, en el siglo XI, los pueblos del norte convertidos al Islam conquistan esta parte de África. Aparecen nuevos grandes estados musulmanes, como el reino de Malí, en las riberas del Níger o el de Kanem-Bornou, al borde del lago Tchad.

El reino de Benin
En África, los reinos que se convierten en imperios son escasos. Es el caso del reino de Benin, al margen de la conquista musulmana. ¡Nacido en el siglo XII, en el XV se extiende desde la región de Lagos hasta el río Níger! También en esta época los fundadores de Benin llevan a la cima su maestría en el arte del bronce colado.

Muchos reinos de África se enriquecieron gracias al comercio.

El "oba", el rey-dios

El "oba" es el rey de Benin. Representa la fuerza y la riqueza del reino. Ejerce el poder desde su palacio, ayudado por una corte de funcionarios.

El oba, un dios-hombre

El rey es alguien sagrado. Sus súbditos lo respetan como a un dios. Todos creen en sus poderes mágicos. Cuando lleva su collar, con 28 vueltas de perlas, ¿cómo no se van a cumplir todos los deseos solicitados en su presencia? ¡Los edos, el pueblo del reino, honran a ese dios viviente que, creen, no come, no bebe y no duerme! Tras su muerte, se funde una cabeza con su efigie y se coloca en un altar de palacio. Los edos que creen en una vida después de la muerte, se disputan el privilegio de ser enterrados cerca de su rey.

El oba frente a su pueblo

Cada año, con ocasión de la ceremonia del Igue, el oba deja su palacio. Los músicos anuncian su llegada al son de campanas y trompas. Precedido por soldados armados, rodeado de sirvientes, aparece en pleno día con vestido de gala.

Los funcionarios

El oba dirige un verdadero imperio. En las provincias, los gobernadores hacen respetar su autoridad. En los pueblos, los jefes y los ancianos representan su poder. En palacio, le sirven centenares de funcionarios y sirvientes.

¿Quién elige al oba?

Tras la muerte de un oba, los jefes y los ancianos eligen a su sucesor entre los hijos tenidos con sus numerosas esposas. Durante una ceremonia, el nuevo soberano simula un combate que lo opone a los jefes de los poblados. Entonces, reina como único señor.

Benin, una ciudad artística

Los artesanos rompen el molde de arcilla en cuyo interior se encuentra la cabeza en bronce.

La ciudad de Benin es una capital resplandeciente, que refleja el poder del imperio. El palacio rebosa de artísticas obras maestras. Las "cabezas de oba", en bronce, superan a todas las demás por su belleza.

Una ciudad de artesanos

Una fosa y una doble muralla de troncos de árboles protegen la ciudad. Tras ellas, calles largas y rectas bordeadas de casas de un piso. Cada barrio se reserva a una profesión: escultores de marfil y madera, fabricantes de tambores, obreros del cuero, tejedores, herreros, fundidores de bronce...

Un arte dedicado al oba

El arte es un privilegio que se reserva al oba. ¡Es el único en llevar collares de coral! Ningún artista puede fundir bronce o esculpir marfil sin su autorización. Porque la belleza y la nobleza del metal simbolizan la monarquía, mientras que el marfil representa la pureza. En el palacio, las máscaras y las estatuillas en madera, marfil o bronce, causan la admiración de los visitantes.

El trabajo en bronce

En el siglo XIV, una fundición de la ciudad vecina de Ifé enseña los secretos de su arte en Benin. Bajo la mirada atenta de los artesanos, modela una cara en arcilla, la recubre de una delgada capa de cera, a su vez recubierta de arcilla. La cera se funde durante la cocción y el artista llena el vacío así creado con bronce líquido. Finalmente, cuando el molde se enfría, lo rompe con precaución. ¡Aparece una magnífica cabeza de bronce de modelo único!

Cabeza de oba en bronce.

ÍNDICE DE MATERIAS

CRONOLOGÍA DE

-4000 -3000 -2000 -10

M E S O P O T A M I A

E G I P T O

G R E

Una civilización no nace en un día. Igualmente, no muere de repente.

Por eso, las fechas de principio y fin dadas por los historiadores pueden ser diferentes.

En Mesopotamia, por ejemplo, los arqueólogos no datan con certeza la aparición de la escritura (¿3300 a. JC.? ¿3200 a. JC?) y, por tanto, el principio de esta civilización. Incluso es posible que haya restos todavía más antiguos enterrados en la tierra.

LAS CIVILIZACIONES

0 — 1000 — 2000

I A

R O M A

H I N A

J A P Ó N

I N D I A

M A Y A S

AZTECAS

INCAS

VIKINGOS

Reino de
B E N I N